决定勇敢

吴尊

IGNITE COURAGE

WU CHUN

湖南文艺出版社 HUNAN LITERATURE AND ART PUBLISHING HOUSE 博集天卷 CS-BOOKY

[文莱] 吴尊 / 著

In memory of my mother....
You are always on my mind!

纪念我的母亲……

您永远在我心中！

W

AGE OF 1ST LOVE 16
初恋年龄

AGE OF MY 1ST OVERSEAS VACATION
第一次去国外的年龄

AGE OF FIRST FIST FIGHTING EXPERIENCE 12
第一次和人打架

27
NUMBER OF COUNTRIES VISITED
旅行过的国家数量

8
NUMBER OF YEARS IN SHOWBIZ
进入演艺圈的时间

26
NUMBER OF BASKETBALL GOLD MEDALS WON
篮球赛获得金牌的数量

55 PAIRS
NUMBER OF AIR JORDAN SHOES
拥有的乔丹鞋数量

1,433
NUMBER OF VIDEOS IN MY iPHOTO
我的iPHOTO里的视频数量

1ST YR AT SCHOOL
1983
入学时间

42
HIGHEST POINT SCORED IN BASKETBALL TOURNAMENT
篮球联赛中获得的最高分

9
BASKETBALL JERSEY NUMBER
篮球球衣数量

HEIGHT 身高 181 CM	WEIGHT 体重 73 KG	HEAVIEST WEIGHT 最高体重 84 KG
WAIST 腰围 31 IN	SHOE SIZE 鞋码 10.5 US	CHEST SIZE 胸围 42 IN

CH

U

NUMBER OF INTERNATIONAL ENTREPRENEUR AWARDS WON
获得国际性企业家奖项的次数

3

CAR PLATE NUMBER
车牌号码

1010

80,837

NUMBER OF PICTURES IN MY iPHOTO
我的iPHOTO里的图片数量

5

NUMBER OF TATTOOS
文身数量

6

NUMBER OF TV DRAMAS
演过的电视剧

5

NUMBER OF MOVIES
演过的电影

7

NUMBER OF FAHRENHEIT ALBUMS
出过的飞轮海专辑

6

AVERAGE SLEEPING HOURS
平均睡眠时长

4 %

LOWEST BODY FAT PERCENTAGE
最低体脂百分比

AUSTRALIA UNIVERSITY GRADUATION YEAR

2001

澳大利亚大学毕业时间

18'55"

（5公里长跑纪录）

DONATION FUND FOR THIS BOOK
本书捐赠基金

4,000,000 NTD
折合人民币约1,000,000元

FEE/EPISODE FOR MY FIRST DRAMA
第一部电视剧每集酬劳

12,000 NTD
折合人民币约3,000元

UN

contents

推荐序

自序

第二部 那些创业教我的事——87

2

第三部 那些习惯教我的事——157

3

推荐序

王明台
炎亚纶
陈奕儒（本名）
大东（汪东城）
黄万伯（阿Ken）
文莱青年运动文化部长
Yang Mulia Datin Paduka Dayang Hajah Adina binti Othman

王明台 导演

吃得苦中苦的文莱小子

很多和我合作过的艺人对我的评语，总不忘提到我是个要求严厉、骂人凶狠的导演。每回听到对我这样的描述，我除了会心一笑，心里一定浮现另一个念头：现在就算我再怎么严厉，再怎么凶狠，怕也比不过当年吴尊在《东方茱丽叶》拍摄过程中承受的对待吧！

一晃眼，距离《东方茱丽叶》初识吴尊，已经七八年。

一晃眼，当年这个默默无闻的文莱小子，现在已经成为华人世界的闪亮巨星。

我深信自己这辈子应该不会太容易再遇上一个像吴

尊一样，值得而且能够真心承受我的责骂的演员。同样，我更深信当年那个曾经因为压力太大而泪洒片场的吴尊，这一辈子应该也不太容易有机会再为了任何状况在片场角落暗自落泪。

我心里常想，当年我们的相遇、相处，除了缘分（或许是孽缘？哈哈），更可贵的应该是相知、相惜吧！

很开心现在吴尊除了演艺工作之外，又准备跃升成为一位作家。当他开口要我帮他写篇推荐序的此刻，我脑中不禁再次浮现这些年他凭借着自己过人的抗压性，艰辛地一路走来的辛苦过程。现在由他来和大家分享他的成长经验，相信绝对会是本好看受用的好书，推荐给您。

炎亚纶

负责的肩膀

从第一印象的梦幻长相，
到一起打拼时的害羞腼腆。
随着时间累积的认识，
原来不只是一个狂恋美食的天秤座。
他有很多不轻易妥协的生存法则，
他有一个不容侵犯的精神偶像——乔丹，
树立的典范给他生活的目标，
成功不假他人之手，
唯有练习练习再练习，
加上勇于负责的肩膀。
来看看吴尊怎么打破你们对他的刻板印象吧！！

差点变成半个文莱人的

陈奕儒（本名）

About this unique friend from Brunei

在温哥华求学的那七年，我认识了各国各地的朋友，但，文莱人，我还真的没认识到！

也许因为我们都曾在海外求学，所以很多认知、很多想法有共通之处，也很有话聊，但他还是有很多我不懂的地方。他的有趣、他的自律、他的成熟、他特别的思维，让我们的生活增添了不少乐趣，当然也有很多值得我们去学习的地方，也因为他，我去了文莱两次！

你想多了解他吗？你想了解文莱这个神秘的国度吗?你想知道他如何固执得可爱吗？你想知道他不平凡的创业理念以及经营管理方式吗？让我们一起来认识这个简单却又不简单的吴吉尊吧，套句他的话，Enjoy Life（享受人生）！

大东（汪东城）

实现人生新梦想!

筑梦踏实，是我人生的准则，也是我看到吴尊一直在实践的方向。
我眼中的他，总是不畏惧迎向挑战，把握每个尝试的机会，
吴尊说过："不去做，就什么都没有。"
从不放弃的精神也是他最能影响人的特质，
很高兴看到他把这样难得的人生历程和想法分享给更多人。
我相信，看完这本书，你也一定会燃起热情，实现人生的新梦想!

黄万伯（阿Ken）伯特利制作公司制作人

大胆筑梦、坚持到底

你认识吴尊吗？等你读完这本书才叫作真正认识吴尊，艺人吴尊第一次这么赤裸裸把自己的内心世界和成长过程跟好朋友们分享，让大家认识另一个完全不一样的——创业家吴尊，不管是艺人吴尊还是创业家吴尊，他都秉持着大胆筑梦、坚持到底的执行力，愿意把自己的梦想分享给大家，这样善良单纯的心是吴尊成功的奥秘，谢谢吴尊乐意分享这么宝贵的创业经验，大力推荐给想要筑梦、快要放弃梦想的人！

Brunei's Deputy Minister of Culture, Youth & Sports
文莱青年运动文化部长

Yang Mulia Datin Paduka Dayang Hajah Adina binti Othman

I am honoured to say a few words in this biography of Wu Chun. Wu Chun is a true son of Brunei Darussalam. Despite his successes, he has never failed to lend a helping hand to promote the youths of Brunei. As a strong advocate on healthy lifestyles, Wu Chun has initiated many "Keep Fit" programmes for youths, for the elderly and for women. Wu Chun is sincerely dedicated towards bettering the lifestyle of Bruneians. Many of the orphans and elderly in Brunei have benefitted from his caring attitude and charitable contributions. He is indeed, a fine role model for our youths.

我非常荣幸有机会可以在吴尊的自传里写上几句。吴尊是文莱达鲁萨兰真正的儿子。虽然取得了非凡的成就，但他始终致力于推动文莱青年的运动文化。吴尊大力倡导健康的生活方式，并启动了多项“保持健康”的运动，帮助青少年、老年人与女性。他以真诚之心投入到改善文莱人的生活方式中。文莱的许多孤儿与老人都从他无微不至的关怀与慷慨大度的慈善捐赠中获益。他真的是我们年轻人的优秀榜样。

自序 决定勇敢

30岁生日那天，我起得特别早，一个人坐在书桌前，拿出一张纸，写下未来的所有计划——我接下来的演艺工作计划是什么？我的人生大计？打算生几个小孩？小孩的教育费用要准备多少？每年家族旅游费用是多少？家庭开销是多少？如果我可以活到70岁，我必须用多少钱维持理想生活的状态？

我在那张纸上记录了许多数字，加总成我这一生所需要负担的花费；那不只是我一个人，还包括整个家族，以及我未来的家庭。我还写下以下这些计划：

●回到学校去念书，让自己有系统地学习更多、更好的知识。

●写本书影响更多人，让他们愿意以更健康、更积极正面的方式生活与成长。

●开一家连锁面包店、餐厅、甜品店或书店。

●开设希望小学，让贫穷的孩子也能就学。

我还写下许多远大的目标，像是参加迈克尔·乔丹的夏日训练营跟迈克尔·乔丹打篮球、跟家人一起搭游轮环游世界、成立基金会帮助更多人，等等。这些目标听起来或许遥不可及，但我知道一旦目标定下来了，我就会更努力往目标前进，直到完成为止！

我很鼓励大家也这样做，选一个对你来说重要的日子，或者是每年生日，一五一十地整理自己的人生；你可以用大事记或是梦想清单这样的方式，把未来目标有计划地列出来，你会发现，我们平常看到的人生其实都不够长远，当所有花费、大事、梦想加起来，会逼得你检视：过去的路正不正确？未来该往哪里走？

就在那个早上，我把未来人生想了一遍，也整理了自己过去的经历；也是在那个早上，我做出决定离开飞轮海，留在相同的经纪公司，演艺事业以电影为重心，同时将更多时间留给文莱的健身房事业与我的家人。

从那天开始，我慢慢整理自己从小到大的故事与思绪，并且第一次有了出这本书的构想。我喜欢阅读，也因为许多成功人士的智慧而受到启发；若不是他们慷慨的分享，我们得花上更多时间才能学习得到这些人生课题。那么，如果我从别人的故事里得到许多启发与获得，或许也有人能从这本书里获得一些什么，那就是让我感到荣耀的事了。

我知道很多人觉得，我是衔着金汤匙出生的，理应拥有成功；事实上，我的人生是由一次又一次寻求挑战组成的：出生于神秘且平和的国度——“文莱”的男孩、狂热地爱上运动，参加文莱国家篮球代表队，成为迈克尔·乔丹头号粉丝，违法在14岁开始开车，16岁初恋，深受启发的澳大利亚大学时期，17岁有了第一个刺青，21岁创立第一个事业撞球店，最好的朋友在车祸中离世，23岁创立第二个失败的事业改装车行，经历最深的恐惧——妈妈罹癌过世，24岁创立第三个成功事业健身中心，不可置信的演艺生涯，到成为一个居家男人。

对我来说，这34年来经历了许许多多，你或许不相信，但我的生活确实经历了巨大的恐惧与软弱。这些经验教会了我一件事——生命没有奋斗就没有成长。一旦我明了了这个道理，再也没有什么可以阻挠我实践梦想。

而我人生至今最大的突破，就是进入演艺圈。如果你认识小时候的我，你就知道从那个害羞的男孩到今天在大银幕上扮演不同角色的艺人之间，有多么大的差别。

这些，我都撑过来了，因为我知道，走入演艺圈是我自己的选择，我因此拥有高知名度，可以做更多事、帮助更多人；但相对的，也应该付出更多的努力，甚至做出某些牺牲，包括我的隐私。离乡背井的经验教会我如何珍惜我所拥有的，而不是将这一切视为理所当然。我偶尔会想：如果当年留在文莱会怎么样？但我知道，没走上这条路，我的人生将没有这么多新鲜体验，也会少掉许多很酷的朋友，或许今天，你也不会买我的书或对我的生活有小小兴趣。

坦白说，做人真的不容易。这是个残酷的世界，意外、惨案、抢劫、天灾永无止境地发生，但我们的人生是有选择的，当你选择向左走或向右走，人生就会走向不同的路；只是，大部分的人生选择题都很难做决定，所以我们往往选择容易的那条路走。但我与大家分享的是：必须面对挑战，因为挑战帮助我们拉开极限、扩大视野，挑战也增加了我们的生命深度与广度。

迎接每天就像一个礼物。因为每一个今日的学习与准备，都会改变我的明天；**只有决定勇敢，才有更好的人生；只有决定坚强，才能让自己与众不同。**

完成这本书，是我30岁生日那天的决定，如今花了4年时间，我终于做到了。我更要将这本书的全部版税捐给孩童福利相关的公益团体，帮助更多孩子可以就学。

如果你愿意加入我的行列，请跟我一起，先让自己的生活更美好，影响更多的人更美好，进而让我们的世界、我们居住的地球更美好。

Tomorrow is the first blank page of a 365-page book. Write a good one!
（明天就是人生中新的一页。把它写好吧！）

OVERTURE

序曲

简单就是一种幸福

跟妈妈在游泳池合拍的照片，简单又快乐。

大家都知道，我是在文莱长大的。对很多人来说，文莱是个陌生的地方；还有许多人是因为我，才知道有这个国家的存在。

常常有人误解我是文莱皇室中的人，其实不是，**这点我得好好澄清一下，哈哈！**文莱皇室是世袭的伊斯兰家族，而我是华人，从这点就可以知道，这是不太可能的事！不过我小时候有一次被爸爸抱着走在路上，遇到了苏丹国王的妹妹，曾说要收养我当儿子，却被爸爸拒绝了。长大以后知道这件事，真的很谢谢爸爸的拒绝，毕竟王子的人生有很多限制，根本不可能活得自由自在，也不可能成为今天的我自己。

文莱位于婆罗洲西北部，与东马来西亚的沙巴、沙捞越以及印度尼西亚的加里曼丹比邻而居。我的祖父是从中国台湾金门移民到文莱，祖籍则是中国安徽。

我读的是文莱唯一的华语学校，这是父母的决定。因为我的哥哥姊姊念的都是英语学校，希望家中有人华文基础打好些；我从小是个喜欢西方文化的男孩，华语学校却为我的华文打下了基础，所以我是东西混血，哈哈。

文莱学校课业并不重，体育就成了我最棒的玩乐。比如小学时，我们上课时间只有半天，之后补习到3点，接下来就完全是我的体育时间；文莱人最热衷的运动是足球，我从小足球、网球、羽毛球、跳高、跳远、掷铅球、掷标枪、游泳、排球、乒乓球都会，但最喜欢的还是篮球，常常都在学校打到天黑得看不见球为止。在初中最叛逆的时候，常常也会逃学去打篮球，哈哈。

之所以这么喜欢篮球，一开始是跟爸爸有关系；我爸爸自己也是打篮球的，让我从小耳濡目染，也喜欢这项运动。而我也因为篮球迷上了美国NBA，更让我对这项运动爱不释手。

最喜欢拍全家福了。

小时候过年爸妈都会请舞龙舞狮来家里，好热闹，真怀念那时的欢乐时光。

文莱除了给我自由的心灵空间，也给我宽阔的生活空间。这里有我最爱的家人以及情同家人的员工；即使妈妈已经不在了，我还是常常在许多熟悉的地点和情境里想起她。像是我曾经常跟妈妈去拜拜的庙，去文莱有名的水岸市场买菜，也会去市场对面一家专卖水果的店，买一堆又香又漂亮的水果回家……生活中所有的场景里，都有妈妈的身影，只是当时没有想到这一切会转瞬即逝，只能成为回忆，只能在脑海、心底存在着。

妈妈离开之后，我突然有了从前没有的想法——那就是带领我离开自己的舒适圈、离开文莱朴实的生活，

过年时，我会为家里张灯结彩，还会燃放鞭炮。

让我挑战自己的极限，选择了至今仍然觉得不可思议的人生转折——加入演艺圈，JOIN THE SHOWBIZ。

后来我愈来愈忙，常常在文莱一年待不到一个月，成了到处飞来飞去的艺人。**有一天，我看了电影《唐山大地震》，其中一句话让我印象深刻："没了，才知道什么叫没了。"这句话提醒了我，**不要以为事情总能尽如人意；我们总是觉得外国月亮比较圆，而忽略自己手中所拥有的。

进入演艺圈五年，我决定搬回文莱居住了，一方面补偿过去五年缺席的家庭生活，一方面也希望我的工作与生活能更平衡。这样在我演艺圈的工作之余，就可以兼顾经营我的健

最爱小朋友的单纯与可爱。

追求速度与效率，已经成为我生活中的一部分。

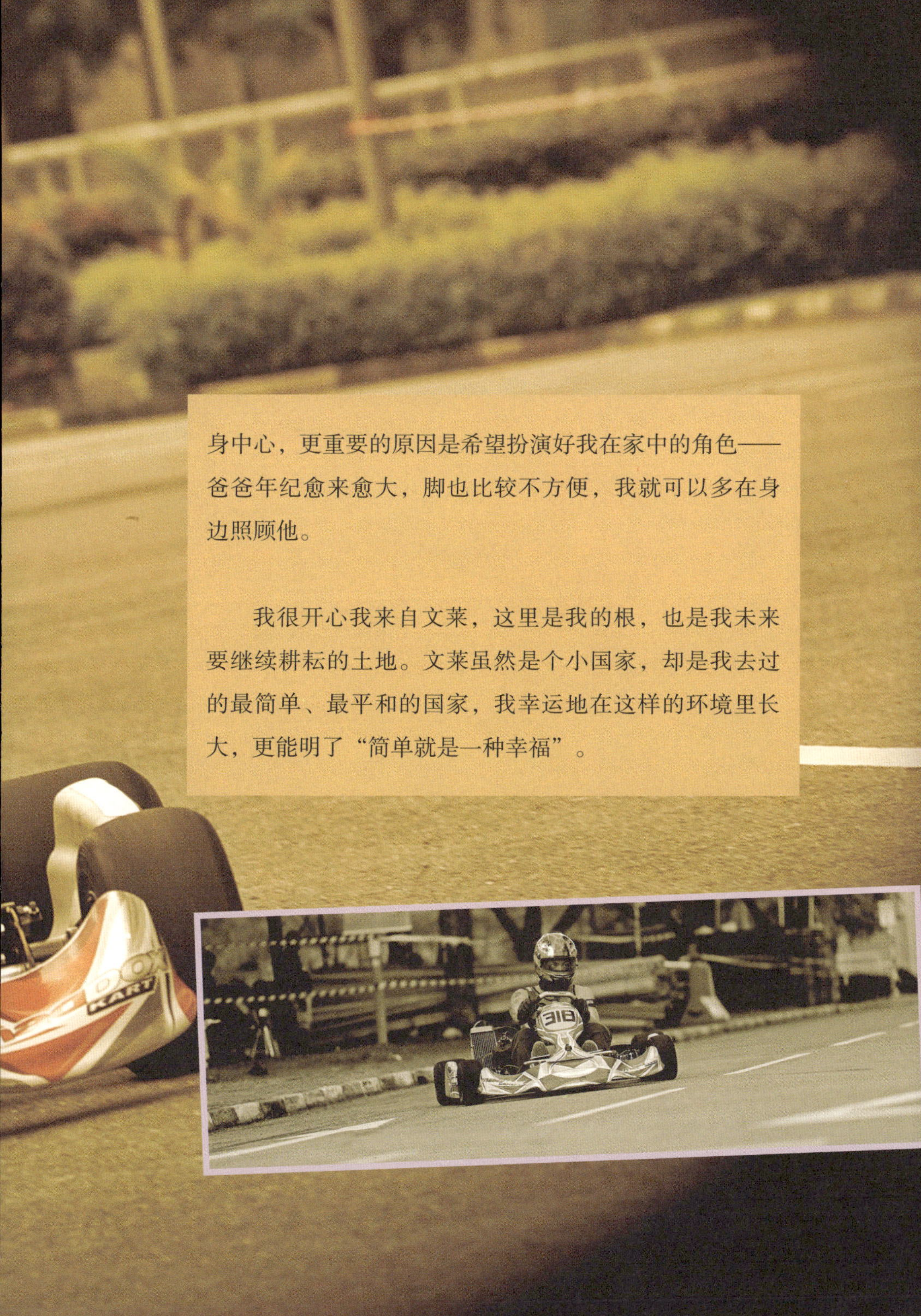

身中心，更重要的原因是希望扮演好我在家中的角色——爸爸年纪愈来愈大，脚也比较不方便，我就可以多在身边照顾他。

我很开心我来自文莱，这里是我的根，也是我未来要继续耕耘的土地。文莱虽然是个小国家，却是我去过的最简单、最平和的国家，我幸运地在这样的环境里长大，更能明了“简单就是一种幸福”。

CHAPTER 1

第一部

那些成长教我的事

“Our achievements of today are
but the sum total of
our thoughts of yesterday.
You are today where the thoughts of
yesterday have brought you and
you will be tomorrow where
the thoughts of
today take you.”

今天的你是由昨天的思绪所塑造，
而明天的你将由今天的思绪所完成。

法国著名数学家与物理学家
布莱瑟·帕斯卡 Blaise Pascal

苦瓜脸的幼儿园毕业照。

一

从喜欢做的事情中开始建立自信

八九个月大的婴儿照。

第一次跟妈妈去台湾时，台湾很流行拍沙龙照，妈妈拍时我也拍了一张。

12岁开始头发中分。

15岁开始戴隐形眼镜。

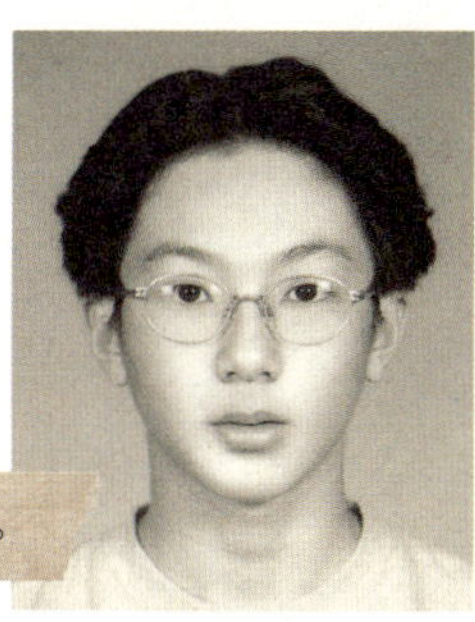

13岁的大头照。

我和哥哥是家中两个小皮蛋。

如果告诉小时候的我，将来会成为一位歌手、一个演员，甚至成为健身中心总裁，他应该会吓得倒退三步吧！其实我小时候个性很害羞，没有安全感，而且还是个胆小的家伙，哈哈。

我一天到晚都黏在父母身边，只要他们不在我视线里，我就会因为没有安全感，而痛哭、暴怒。所以我的童年记忆里，许多画面都是那个小男生坐在汽车后座发脾气——因为我不想跟父母分开，即使他们要出门工作，或是要外出旅行，我都会想尽办法不让他们离开。

可怜的父母为了陪伴我、安抚我，那段时间变得很少出门，不但无法去旅行，连社交生活也受到影响，两个人也没什么独处时间；遇到一定要外出的时候，就得先把我安置好。现在回想起来，当时的我实在很麻烦，也害父母失去了很多自由，真是很愧疚。

我的害羞是怕生、怕尴尬，但说穿了就是没有自信。这造成我表达心意的障碍。我记得每一年母亲节都想送花给妈妈，但是又不好意思当面交给她，所以只敢偷偷放在她的梳妆台上。当妈妈看到花感受到儿子的心意，体贴的她没有多说什么，只是开心地把花收下了。

那段成长的过程里，唯一一次的表演经验就是我和两位表兄弟一起在母亲节“献唱”了Beyond的《真的爱你》。坦白说我真的唱得很糟，因为在场的观众们都笑得东倒西歪，我觉得糗毙了，生平第一次体会什么叫想挖个地洞钻进去的感觉；虽然当时的我因为太窘而暗暗发誓再也不要在众人面前表演，但现在回想起来，当初自己因为鼓起勇气克服了自己的恐惧，也才表达出我对妈妈的心意。**许多事情当初勉强自己做了，才创造出此刻珍贵的回忆。**

而关于我的胆小，是如果看了太吓人的恐怖片，连洗澡都会害怕得需要姊姊在门外陪着，一直到11岁，我才敢真正关门洗澡，真要感谢我姊姊如此宠爱我，从来没有抱怨过我麻烦。胆小也是没有自信的表现，如果我能够相信自己有能力保护自己，就不会如此胆小。

但是后来我从自己所狂热的事情里终于找到了自信，也让我慢慢敞开心胸去尝试自己没有接触过的事物，甚至能够挑战自己过去认定没有能力做的事，那就是“运动”。

从8岁开始，我就是一个运动狂，我第一个接触的是羽

这张我觉得我跟我姊真的很像。（是头发的关系吗?!XD）

我2岁苏丹生日时的花车游行。

毛球，当我第一次奔跑在球场上，知道自己可以跑得这么快，知道风吹在身上是这么舒服，知道拍子挥出去可以把羽毛球打得这么远，我就爱上运动了！而且运动除了可以享受赢球与进步的喜悦，还可以交到许多朋友，懂得团队合作的重要！所有我尝试过的运动包括：网球、乒乓球、足球、游泳、拳击……每一样对我来说，都有不同的乐趣与挑战。就连爸爸带我去打高尔夫，跟那么多叔叔伯伯在一起，我也总是可以专注于想把小白球打好，而不觉得自己与长辈在一起会格格不入。

而找到我的最爱是12岁的时候，我开始接触篮球，从此就跟它结下不解之缘。篮球是一种非常消耗体能的运动，而且技巧性强，得通过不断的锻炼，才能上场投出一个获得满堂彩的好球。对于喜欢挑战的我来说，这种球类运动太有趣了，一迷上了它，我可以不吃饭、不睡觉，但绝对不能不打篮球，每堂下课虽然只有短短10分钟，也要冲去占场地打一下也好，我简直恨不得醒来的每分每秒都身在篮球场上。

从小我就希望能在喜欢的领域里赢得胜利。爸爸教我先学习打好基础，而且不疾不徐地享受过程。在篮球场上，他教会我投篮、运球、步法的重要技巧；更重要的是，他教我用左右开弓，打出一样好的球，让敌人倍感威胁。因此，**在我的字典里没有“天赋”两个字，我相信只要努力练习、认真奉献，就能完成所有事情；我不用快捷方式，我只会一而再、再而三地用努力赢得胜利。**

有一次，我和同学准备翘课打篮球却被教官逮个正着，情急之下，我竟然想都没想，从2楼直接跳到1楼，爬起来狂奔到球场。现在想想，真的是很疯狂，也绝对是不好的示范，当时没摔断腿只能说是运气够好，我对于篮球的狂热已经到达不管有什么挡在我和球场之间，我一定一脚把阻碍踢开。

对于我来说，**运动是我人生中很重要的一个老师，它教会我找到自己，**从童年的害羞中得到释放，慢慢找到自我肯定，从而建立了自信心。

初中时，我当上篮球队长，整天想的是如何带领团队获胜以及团队合作的重要。除了和团队一起练球，我回家也会锻炼基本功，规定自己每天必须持续练习当天学习的新动作5次，最后还要连续投中10个罚球才能休息，非常坚持，哈哈。比赛期间，我更是想方设法督促自己，这样的投入让我对于输赢非常患得患失。我当时不懂的是，比赛当中有许多因素不是一个人可以掌控的，不论是自己的状态、队友的状态，乃至对手的状况，甚至是裁判的状况，都可以改变一场比赛的结果。我承认当时的我年轻气盛、脾气不太好，不能接受事情不如我意，只要比赛输了，我就容易失控发飙，甚至曾经直接把场边的椅子踢翻。

爸爸年轻时也曾参加文莱的国家篮球队，后来成为

篮球协会的干事之一，他对篮球场上出现的不可控制因素非常清楚，他很少主动干涉我对篮球的狂热，但对于我把输赢看得太重，他的方式不是责备，而是在我练球或比赛结束回家的路上，一边开车一边听我抱怨，偶尔开导几句，像是："有人赢，就一定有输的一方；谁应该要输呢？"这些话他总是用轻松的口气说出来，却总能让我愤怒的情绪安静下来，把它们都听进心里。

这也让我了解迈克尔·乔丹之前说过的：

Maybe its my fault that you didn't see that failure gave me strength.

（没有让你看见过去的失败给我的力量，也许是我的错。）

妈妈生日全家合照，那年我15岁。

二

找到Role Model，成为自己希望的样子

汶萊留台同學會

TAIWAN GRADUATES' ASSOCIATION OF BRUNEI

獎狀

全班成绩第三名的奖状。（所以我念书还是很不错的！）

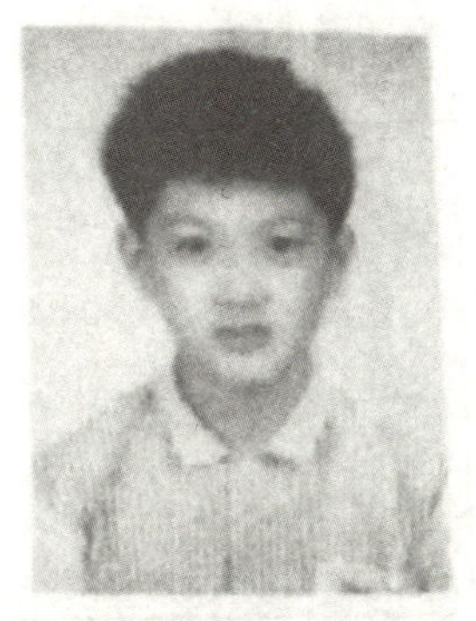

會員子弟 吳 吉 尊

係斯市汶萊中華中 學校

P 6 F 年級學生

成績 全級第叁名

特此獎勵

主席

公元一九九一年三月三日

留台獎字 11/90 號

中学时，被记了一个小过。

Matapelajaran/Subject	Mid-Year	Final Year	Average		
BAHASA MELAYU	72	68	70	8	560
CHINESE LANGUAGE	70	50	60	8	480
ENGLISH LANGUAGE	77	69	73	8	584
MATHEMATICS	87	92	90	7	630
SCIENCE	83	88	86	4	344
HISTORY	83	91	87	4	348
GEOGRAPHY	90	96	93	4	372
ART	54	59	57	1	57
MUSIC	66	57	62	1	62
MORAL EDUCATION	59	71	65	2	130
PHYSICAL EDUCATION	83	73	78	1	78
				48	3645

Total Average: 75.94

Kelas/Class	Darjah/Level	Position in Class	Position in Level	Promoted or Retained
33	205	3	66	Promoted

我的中学成绩单，中文分数还真差耶！哈哈！

从小家里就有妈妈订阅给姊姊的《读者文摘》（*Readers' Digest*），每期背后都会有名言佳句的摘录，妈妈就会提醒我拿来读一读。在那一段我总是为了打篮球患得患失的时期里，我得到妈妈及许多有智慧的人的教诲，最后才慢慢了解：我之所以会常常感到挫败，是因为我心底怀疑其他队员不像我一样努力，但谁有资格做出这种评断呢？就像李小龙说的：

I am not in this world to live up to your expectations. And you are not in this world to live up to mine.

（我活着不是为了满足你的期望，就像你活着不是为了满足我的期望一样。）

或许他们不像我一样每天在家苦练，**但每个人要求自己的方式不同，生活中必须面对的问题也不同，这会使得大家对篮球的投入程度也不同，如果我用自己的标准去衡量别人，其实一点也不公平。**我这样反省自己、琢磨自己，一方面精进自己的球技，一方面让队员觉得跟我打球是愉快的事。慢慢地，当我在球场上的快乐不再来自于赢球，才真正让打球变成一件轻松自在的事。

自信心是很奇特的东西，当你还不知道如何拿捏分寸的时候，它能让你狂飙、失控；然而一旦学会控制之后，自信心能帮助你追寻所爱，得到快乐，并且走到更远的地方。

当我开始看NBA比赛，迷上了迈克尔·乔丹这位超级球星；也借由电视与网络接触了世界一流的篮球赛事，开始对运动的可能性有了各种想象。

迈克尔·乔丹是个可以倚靠与信赖的领导者，要成为这样充满正面影响力的人真不是简单的事。除了迈克尔·乔丹之外，我觉得每个人都可以是我的Role Model（榜样）。我们不是样样都行，许多地方需要学习；只要打开心

15岁生日。

小时候哥哥很喜欢帮我打扮，就算是被他改造了——这帽子跟头巾是哥哥从新加坡买回来的。

胸，就能吸收新知。人类的历史总是重复相同的错误，向成功人士学习，可以减少我们花在改正错误上的时间。

我12岁最兴奋的事，是自告奋勇替校内篮球比赛设计制服。当时我还是初中生，觉得那件制服原本的设计不好看，就主动提出要重新设计，也找来各种资料、参考NBA的球衣，为我们学校设计出全新的制服，也让从小喜欢涂涂画画的我，终于让自己的创意，在设计中找到方向。

现在回想起来，也明白自己是初生之犊不畏虎，能力根本还没成熟，只是一股劲地想满足自己的想象世界。**然而，正是这种愿意实践想象力的精神，帮助我在日后一步步向前，不但实现了许多梦想，甚至得到了许多梦想之外的宝藏。**

我17岁时的房间，全是迈克尔·乔丹。

我从小就搜集许多迈克尔·乔丹的作品与剪报。

16岁到菲律宾参加亚洲篮球赛。

三

创业从自己擅长的事开始

物以类聚，当我认识越来越多爱打篮球的朋友，突然有个想法跑进我的脑子里：为什么不来举办一场篮球比赛呢？

当时文莱的篮球比赛非常简单，大家顶多就是在球衣上做些设计，然后穿了球衣就上场打，场外观众就是安静地坐着看，好像比赛就只是比赛，而不是有趣的集体活动。

一开始想举办比赛的动机很简单，我从中学开始迷NBA，看到国外的篮球赛有好多噱头，除了5人全场跑的比赛，还有3对3的半场比赛，这个是当时文莱没有的。我喜欢做没人做过的事，成就感十足，而且既然前无古人，那就算失败了也不会怎么样。就这样，我决定举办3对3篮球赛，而且不是举办校内比赛，是一项正式的营利活动，当时17岁的我胆子还蛮大的，哈哈。

可想而知，一定会遇到挫折，最大的问题就是：我年纪太小了，只有17岁，许多厂商根本就不信任这个嘴上无毛的小子！

为了找赞助商，我一家一家地跑，去解释这是个什么样的活动，为什么要举办；对于赞助厂商来说，又可以得到怎样的宣传和好处。

现在想起来，当时我在学习的就是事前准备的重要，先彻底了解自己提供的“商品”与“服务”为何，并且把赞助商的需求放在心上。**合作是双方面的事，如何营造双赢的局面非常重要；**尤其文莱的市场不大，只要留下一次不好的名声，以后要再合作就变得很困难，而且流言传播得很快，也势必会影响到你的声誉。

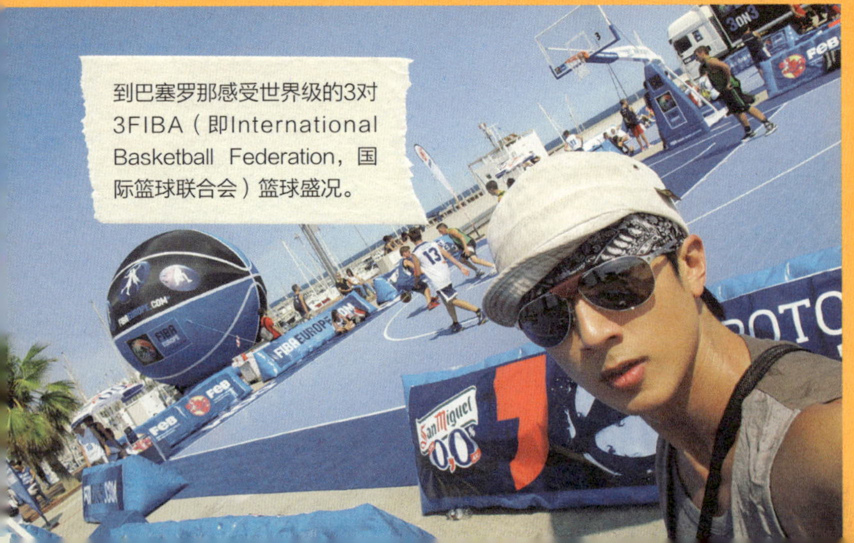

到巴塞罗那感受世界级的3对3FIBA（即International Basketball Federation，国际篮球联合会）篮球盛况。

我和乔丹的铜像合照。

很幸运的，我找到一所学校提供比赛场地，还有一家厂商愿意赞助得奖奖金，他们成了我们的赞助商。我也印了许多传单，到各个学校去发，找更多队伍愿意付费来参赛。

虽然只是一个篮球比赛，但能够按条列出来的事项却庞杂得超乎想象，除了上述的大事项，甚至要花费非常多的时间去想到比赛当天的现场气氛如何营造。

这些烦琐的细节虽然很麻烦，但我都甘之如饴，我知道自己为什么要做这些事，并且在过程中努力达到目标。

终于到了那一天，比赛开场时，*Sirius*（《天狼星》）的音乐流泻出来，所有人都目瞪口呆、无法置信。这是NBA经典音乐，介绍迈克尔·乔丹在芝加哥公牛队比赛出场时必定会听见的歌，对于距离美国很遥远、却又喜欢NBA的人来说，就好像身临其境，仿佛美梦成真一样的不真实啊！

事实上，光是为了找这首歌的CD，我就费尽千辛万苦。那个时代还不盛行网购，我又怕朋友会买错，因此指定他一定要去到芝加

篮球，替我的人生创造许多奇迹。

1999年，我练篮球练到可以灌篮了，却在一次比赛中被人蓄意弄到受伤，休息了三四个月，我很失望也很生气，又刚好乔丹要退休，以后就较少练球了。

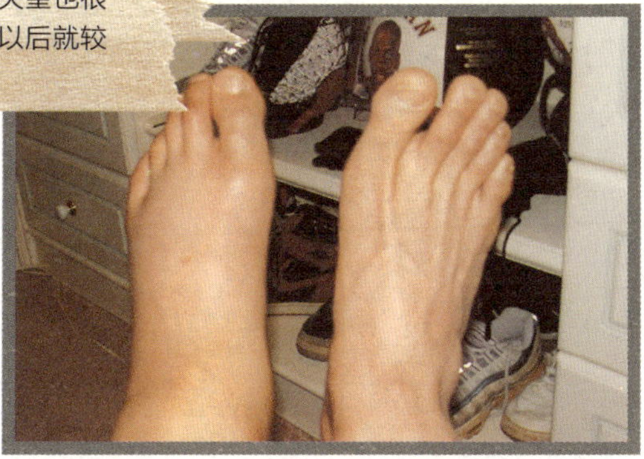

哥公牛队主场买到这张CD，再空运邮寄回文莱。就在音乐放出来、全场被感动得气氛蔓延，而我自己全身的汗毛也因为感动而直竖的那一瞬间，所有准备过程的辛劳全都值得了。

为了更具备NBA的规格，我还找来啦啦队表演炒热场子，请DJ在比赛时播放音乐，规划了3分球比赛、MVP球员选拔和国家队队员进行明星赛等等许多系列活动，我把自己从电视上看到的有趣篮球比赛的活动一一实现，仿佛举办了一场专属于自己的嘉年华。

这次篮球比赛结束后，算了算收入与支出，我竟然赚了1000美元！虽然赚钱不是我那次办活动的目的，但看到自己的梦想实现之余，还赚了些钱可以请工作人员大吃一顿，我简直乐昏了；而且我知道，我的收获不只这些实质看得见

Wow……我距离乔丹
仅有四排座位的距离！
CHEVY CHASE BANK
LEGG MASON

后来我成为文莱篮球国手时期的比赛照。

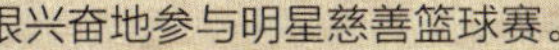

很兴奋地参与明星慈善篮球赛。

的东西，我更借着比赛较深入地了解了职业运动员的生活，因此我认真考虑自己真的想当个职业运动员吗？那是我确立**“如果以后能从事自己热爱的事业，还能赚钱养活自己，就是最棒的事”为目标的开始。**

虽然后来我没有成为职业运动员，但是如今拥有自己的健身房事业，都是当年“微创业”种下的种子。更让我高兴的是，一直到现在，文莱依然有举办3对3篮球赛的传统，因为那个17岁少年的热情，改变了一个国家对于篮球运动的接受度，那真的让我感觉很光荣。

ALOHA！第一次去美国夏威夷，让我大开眼界。

四

吸收不同面向的文化能让视野开阔

文莱是个有不同种族与丰富文化背景的国家。身为华人，加上念的又是华语学校，中华文化像是我的根；而西方文化就是我的枝与叶，我的许多想法都深受西方文化启发。

9岁那年，我们全家一起跟团去了美国，走过洛杉矶、旧金山、拉斯维加斯和夏威夷，那是我第一次体验到西方世界的自由，真是让我着迷；对于成长于文莱的我来说，以前只是出现在电视上的场景竟然都来到眼前，确实非常震撼。后来要出国读大学，我挑的则是澳大利亚墨尔本，就是希望多呼吸西方世界的开放与自由的空气。

那是我人生第一次开始学习“独立”处理许多事情，像是买家具、装电话这些以前从来没有做过的事；

家族一年一度的旅游，那年去了韩国，我觉得我当时穿衣服就很有型。（XDDDDDD）

38，Bell Street，这是我
墨尔本住了五年的家。

这是在墨尔本住了不到一个月就跑回文莱的房间，有没有看到我初恋女友的照片?!

开始学习“计划”，因为没有人会在身旁为你检查什么事情没有做，上课不用穿制服，也没人逼你用功读书，一切都是自由的。当没有人在身旁时时提醒你该做什么，我反而从这个过程中感觉到自己应该要长大了，要学习用大人的眼光来看这个世界。

墨尔本的求学经验对我来说，留下许多好的影响。比如说我开始会逛书店，也开始看许多对我影响深远的励志书；比如说我也去参加当地的健身中心，之后才会有在文莱开健身房的想法；比如说我养成

Trinity College（三一学院）最后一天的聚餐。

每天早上看CNN的习惯，去了解世界各地发生的事情。

其中最有趣的经验，就是玩改装车。

我从小就对车子感兴趣，14岁那年就在爸爸允许下，开始学开车。（这不是好示范，请千万不要学，哈哈。）到了澳大利亚之后，爸爸替我买了一台车SUBARU WRX STI WAGON，当作我18岁的成年礼。那个年纪正是凡事追求酷的时候，我将自己的零用钱全存下来，几乎用买车的金额把那部车改得非常酷。更酷的是，那辆车子还登上了澳大利亚销售量最高的改装车杂志的封面，我也出现在杂志内页里；对我来说，那真是对自己能力的一大肯定，也让我后来有自信在文莱开设改装车行。

因为这样，我认识了也喜欢改装车的朋友，一大群人开四五十部车到Car Club（汽车俱乐部）去聚会，交换这个领域的各种知识，也一起利用各种零件挑战车体的速度极限。我还爱上看赛车比赛，看那些赛车手和他们的团队如何发挥车体的最大能量，甚至于那种一秒或不到一秒就能定胜负的兴奋感，让全场血脉贲张、为之疯狂。

在澳大利亚的生活真的很愉快。学校的课业新鲜有趣，墨尔本的城市内与海滩上也常会举办各种热闹活动，我就在这样的氛围里努力吸收养分，后来想想，在墨尔本的日子确实替我的未来奠定许多基础，也让东西文化交融成我后来的生活。

改装的车得奖后，登上澳大利亚的汽车杂志。

在西方文化里，大家的心态比较开放多元，也愿意接受跟自己不同的意见，这部分和传统中华文化很不一样；而我就是很希望听别人意见的人，更喜欢去了解和自己不同的想法。另外，西方人比较愿意奖励自己，像是出国度假或是买好的礼物送自己，华人通常就比较重储蓄、过省钱的生活；我也会每年计划一次家族旅行，带全家出去看看这个世界。

从小时候开始，爸爸就会带我们一年度假两次，这是爸爸犒赏自己也是奖励小孩认真念书的方式。而我很珍惜这样每年家人一起出游的机会，这是让家人关系更深厚，也让孩子学习不同文化的好机会。

从我青少年阶段开始，旅行、烹饪与享受美食就是我生活中的一大部分，这也是我努力工作之后给自己的奖赏。如同我们需要工作一样，我们也需要在工作之余去探索生活其他的可能性。

就像认真投入三四个月，完成一部电影之后，我一定会给自己一段假期，这是我放松自己最好的方式。在台湾时，我也常收看TLC旅游生活频道，那启发了我去计

我每一年都会再回去墨尔本。

划新的家族旅行，也让我获得更多动力，努力完成手上的工作。

我也是个爱吃鬼，更喜欢自己煮东西吃，我喜欢用食物记录我的生活。我的手机相册里，许多都是食物的照片，这些照片让我想起享用美食的欢乐时刻、不同国家的文化以及当时和我一起吃东西的伙伴。闲暇之余，我也喜欢自己买食材做菜吃；而且无论我去到哪个国家，一定会去搜寻当地10家最好的餐厅，哈哈。

直到今天，我已经去过27个国家，仍然觉得不够，我还希望能带我的家族搭游轮环游世界——我计划过了，那一共需要126天，而我相信这个愿望就快要实现了！哈哈！

我很高兴我有机会去同时体验东方与西方文化。中华文化中，家庭关系的紧密结合，也成为我根深蒂固的观念——无论是父母、兄弟姊妹，我都视为自己的责任，而且责无旁贷地让他们把重量压在我身上，因为我知道，**无论顺境或逆境，他们都是会永远陪伴在我身边的人。**

35
GOLD 200-3

在夏威夷寻找我的梦想，哈哈！

五

做好计划是实现梦想的第一步

每个人的天生个性不同，也许我天生就有做计划的习性，这在我实现梦想的路上有很大的帮助，甚至包括我的初恋。

文莱的年轻人在高中毕业后，往往会选择出国读大学，顺便去看看外面的世界。我高中一毕业，身边许多朋友这样做，我也主动跟爸爸表示想去澳大利亚读书；一来是因为澳大利亚离文莱比较近，再者澳大利亚正是我从小喜欢的具西方文化的国家之一。

不过就在我要去澳大利亚之前，情窦初开，开始了我的初恋。

那时候，姊夫替我介绍了一个女生，让我们彼此认识。那年的我青涩懵懂，根本不认识什么女生，一见到对方，觉得挺有感觉的，当下就认定是她了；一切的发展就好像电影情节，一见钟情后就展开热烈的追求，希望能获得佳人青睐。

我永远记得第一次打电话给她时，我已经写好了所有的对话脚本，还模拟了她可能回答的所有答案，整张纸都画满了像教战守则一样的树状图。问题是，我根本就不敢拨那通电话、那几个号码！满满一张爱情企划书握在手里，却无法鼓起勇气拿起话筒，只要一靠近电话，我整个人就软了。

后来，我把房间的灯全关起来，再把自己裹在棉被里，紧张了半天，甚至听到心跳扑通扑通的声音；我硬着头皮按下号码，然后等着铃声一次又一次地响，我甚至担心会不会没人接电话？直到她那声“HELLO!”出现在电话那头，我根本什么都忘掉了，心好像都要从喉咙里跳出来了，我结结巴巴又兴奋不已，仿佛听到嘴里胡言乱语，但说了什么，自己也不是很清楚，等挂上电话才发现，刚刚写的那张纸根本没有用！但却证明我就是一个天生非要先计划好才行事的人，只是有时候计划赶不上变化呀！哈哈！

我们单独的第一次约会，是她陪我带姊姊的沙皮狗Mona去看兽医，然后就回家照顾狗狗，一起看电视、聊天。后来几次约会，我都事先做了各种规划，跟她一起去公园，然后去喝点东西、接着吃饭之类的行程。就连第一次牵手也是这样。那天，我觉得时机差不多了，就带着她去海滩，跟自己说：我一定要牵到她的手。那天阳光很好，风也很舒服，我明明是16岁大男生了，却吓到冷汗直流，手僵硬地靠过去，又害怕地缩回来，这样来来回回几次，才终于牵到手了。

不过转眼到了必须出发到澳大利亚读书的时间。虽然心里很舍不得，但又不敢说出口，还是坐上飞机出发了。

好像扯远了，谈到计划竟忍不住说起初恋的故事，哈！其实只是为了告诉大家先做好计划是实现梦想很重要的第一步，就如同我

1996年第一次去澳大利亚念书的制服。

追求梦想中的女孩一样，计划使得我们在追梦路上步伐比较不慌张，不论我初次微创业的篮球比赛，或者后来的改装车厂、撞球店、健身房，随着创业的规模越来越大，计划就做得越来越清楚、精细。养成计划的好习惯，对我来说真的非常重要，也希望可以提供给所有的朋友参考。

我和我最好的朋友。

六

一定要把握住眼前有的

我想大概每个人的成长过程中，都曾有过以为自己拥有的一切都是那么理所当然的想法吧！

然后有一天，当你毫无防备地失去曾经的理所当然，你才会惊觉原来人生有太多变数，是那么不受控。

这堂“珍惜课”是从一张没有寄出的卡片开始的，而更在失去我深爱的母亲，经历生命中无法承受之痛后，算是拿到了证书。所有的痛苦都带来成长，我懂得了不论是什么，一定要学会珍惜和把握眼前所看得见的、拥有的。如果要说这些事情对我在自己梦想的追求上有什么帮助，应该就是我不会蹉跎任何自己想做的事或者轻易让眼前的机会溜走，因为谁也没有把握以后还有没有机会再去做。

那位在意外中失去的挚友是我中学时期的同班同学，他比我大两岁，因为之前没有认真读书，留级之后和我同班。他是个细心可靠的人，很懂得照顾人，特别是很照顾我。

我们都喜欢打篮球，一起参加学校篮球队，曾到菲律宾参加东南亚青年篮球赛，也在那里和姚明打过球；我们还一起去马来西亚参加了婆罗洲杯篮球赛，本来就投契的两个人，因篮球而让友谊更加紧密。

就算没有一起打球，我们也常常一起出去玩，或到其中一人的家中看NBA比赛。他妈妈是一位厨师，卖的是文莱著名的小吃，所以每次来找我，他一定会从家里带一些好吃的点心给我，两个人一边吃点心，一边看篮球赛，真是我青春时期最美好的回忆。

我们也曾经有过严重的争执，因为受人挑拨，我们对彼此产生误会。当时我不够成熟，轻易相信了别人的谎言，两个人大吵一架，之后整整六个月都没有说话。随着时间过去，我开始想念两人之间的友情，也觉得那个误会根本只是一桩小事，比不上两人之间的友谊；而他也有这样的感觉，因此，我们很自然地开始聊天，彼此的信任甚至更胜从前。

因为这次经验，我开始了解，**只要一段关系够真挚，就一定能撑过所有考验。**

后来我们都到国外读书，相聚的时间变得更少了，但只要两个人都在文莱，我们一定会见面，好好分享生活中发生的各种事情，也彼此打气，一起想象、计划各式各样的未来。我们甚至会和以前一样，一起躺在床

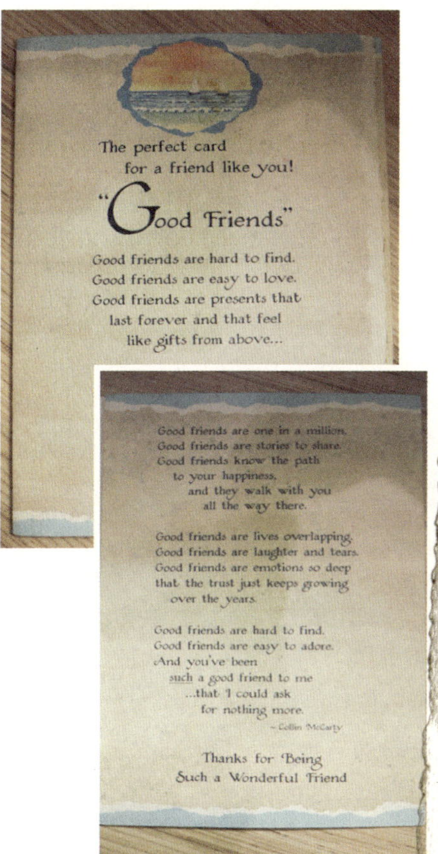
The perfect card
for a friend like you!

"Good Friends"

Good friends are hard to find.
Good friends are easy to love.
Good friends are presents that
last forever and that feel
like gifts from above...

Good friends are one in a million.
Good friends are stories to share.
Good friends know the path
to your happiness,
and they walk with you
all the way there.

Good friends are lives overlapping.
Good friends are laughter and tears.
Good friends are emotions so deep
that the trust just keeps growing
over the years.

Good friends are hard to find.
Good friends are easy to adore.
And you've been
such a good friend to me
...that I could ask
for nothing more.

~ Collin McCarty

Thanks for Being
Such a Wonderful Friend

好友生前未完成的信。

My Very Best Friend (CHUN & YEN)

I really thank you as a very good friend of me for giving me so much fond memories. I miss it. Sometime I can imagine how we played in our school life, how we knew each other, how we talked our problems to each other and so on.

Actually at first, I was not planning to buy card one, then don't know why I bought it lor.... I just feel like telling you, no matter what, we are always Best friend.

There are times that I scared I c... Luckily, my mind kept me thinking that I must change but it changed for good. I hope u will be the same.

You have to think wisely lor.... people will always tend to make use of you. Else... next time when I call u, you better give me your mailbox address or your home address.

上，盖同一条被子，一直聊天到天亮。如果不是因为这位朋友，我一定觉得这种行为只有女生会做，哪有两个男生能有这么多话聊？我们就是可以一直聊个不停，常常聊着聊着，天就亮了。

当时我们虽然年纪都还很小，但聊天内容却很成熟：如何变成一个有上进心的人？如何当一个更好的男朋友？如何让家人不为自己担心？我们愿意把自己最真实的样子分享给对方，我想，我这辈子大概无法再遇到如此信任的对象了。

在他过世的前一天晚上，我们还在文莱聊天聊到很晚，之后他又赶赴另一个朋友家聚会，希望赶在第二天回马来西亚上课前多见几位老友。隔天搭飞机回去，抵达之后，也许是因为精神不济而没有注意安全，不幸出了车祸，就这样离开了。

只是，就在他的遗物中，竟然有张给我的卡片，那是他在回马来西亚的飞机上特别写的，他说自己很高兴拥有我这个朋友，也写到那些和我在一起的快乐时光，然后他想提醒我，我很容易因为个性太好、耳根子太软而轻信别人，要当心不要被利用。

看到这张卡片，我痛哭不已，这么多年来我们是无话不谈的知心好友，从来没有为彼此写过卡片，是什么冥冥中的安排让他在那个时候、在飞机上写卡片给我？卡片没有写完，但他的人生已经结束了，我永远不会知道他还想跟我说什么；如果我还不能从这个让我的人生受到莫大震惊的痛苦里学会些什么，那么失去这个朋友对我而言就仅仅是“失去”。我感谢朋友让我获得更大的人生智慧，我没有失去他，因为这张卡片，我知道他对我无微不至的关心，这些在我生命中留下永远的存在。

很多人看到明星荧幕前的光鲜亮丽，都以为我们人生一路顺遂；其实我们跟所有人一样，也要面对生老病死，也要面对挫折困境。妈妈的过世，就是我人生至今最难走过的痛。

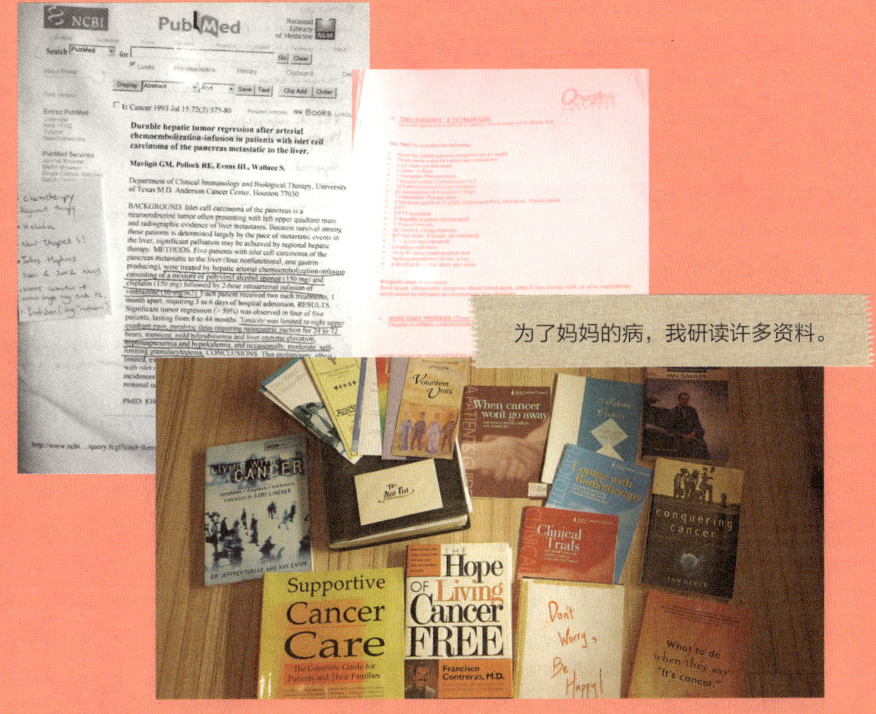

为了妈妈的病，我研读许多资料。

我在澳大利亚读大学、即将毕业的前夕，妈妈检查发现罹患胰脏癌，她的腹部积水，造成行动不便。为了怕我担心，影响学业，她毅然决定对我隐瞒病情，和其他家人在文莱默默忍受着一切苦痛，这样忍耐了八个月。

每次想起这一段，都让我的心觉得好痛。我不知道她是如何熬过来的，我也不知道为何我看着她逐渐消瘦，却完全没有意识到她生病了？而我的没有察觉让她欣慰，还是难过呢？

等我毕业学成回到文莱，终于回到妈妈身边，迎接我的却只是一连串的挫折。

她开始病重，身材严重变形，我从澳大利亚为她买的新衣全部穿不下。以前从澳大利亚回到文莱，我总是为她买她喜欢的澳大利亚品牌的衣服，当我听到她说：“以后不要再帮我买任何衣服了。”我的眼泪就这

样落下来了。

当我知道事情真相，有如晴天霹雳打进我的人生；为了了解她所罹患的胰脏癌，我读遍各种书籍与数据，却愈读愈心慌；为了替她找最好的医生，我到处搜寻医院信息，写信跟名医讨论、联络，也带她到美国、中国、俄罗斯、新加坡与墨西哥求医，寻找最后一丝希望，却愈来愈恐惧。因为知识都只是知识，无法真正拯救我的妈妈。

而妈妈依然用她生病的每一天，让我们感受到全然的母爱。她在还能行动时，每天晚上依然切好水果送进我们房里，希望能尽最后一点力量照顾孩子。

当时的我，是个设定目标便会全力达成的人，我希望她好起来，所以完全不接受其他的可能性，就算有些治疗方式比较激进，也会鼓励她去尝试；哪怕是奇怪的药品或食物，只要有一点痊愈的可能性，我也会要她吃。

当时在墨西哥寻求自然疗法帮助时，医生用一根管子插入她的背，她痛得大叫；那叫声如尖锥刺骨般喊进我的心里，看着她那样受苦，那一瞬间我也忍不住非常想吐，因为我实在没办法忍受看她那么辛苦。但我坚信医生会让她好起来，认为只要熬过这个痛苦，她的生命就可以得到延续。现在想想，她只是为了不辜负我的期望，才事事愿意配合，跟着我东奔西走。现在我深切反省也感到有些后悔，如果当时我能稍微停下脚步，接受她可能离开的事实，让她自己去选择是否要安心地交代一些自己想说的话，平静过完最后的岁月，那么，她就能在离开前多和我们说一些知心话，而少受一点折磨了。

那时的我无法这样想，我不让她交代任何一点身后事，就怕她说了就等于一定要离开我了，等到她真正过世之后，我们完全不知道她的意愿是什么，只好家人为她决定。这是我永远没有机会去弥补的遗憾，因为换成是我自己，一定会希望能交代身后事；**经过妈妈的离开，我才懂得站在对方角度考虑，而不能因为自己的恐惧而拒绝面对现实。**

现在想起来，唯一的安慰是我有好好陪伴在她身边。她在家里行动不方便时，全部是我一个人抱上抱下；在医院的最后一段日子，她虽然神志不清醒，但还是要我陪在她身边，而且变得非常依赖我。她会不停跟我说话，会要我跟她一起唱颂“南无观世音菩萨”，偶尔也会说：“我好怕……”

当时的我好绝望，明明妈妈是这么好的人，一辈子努力照顾家人、拜佛、做善事、捐赠帮助偏远地区的学校、认养非洲儿童、照顾文莱当地很多弱势的儿童或穷人，不是都说好人有好报吗？为什么最后却还是要让病魔折磨而这么早离开这个世界。我有我的遗憾，也有我的愤怒，从此以后，我决定把命运交在自己的手上，当个无神论者，曾经和妈妈一起拜拜的记忆也只能留在过去了。

经历过这样的人生至痛，面对**如此绝望的经验，却成为我往后全力奋战的后盾。**我谨记妈妈曾教过我的一切，如果现在我还能为妈妈做些什么，那就是让她知道她有教出一个好儿子，而每当我面对往后的挫折时，只要想到妈妈，就觉得再也没什么困难撑不过去，because I can imagine the fear she went through when she was about to leave us！（因为我能想象当她将要离开我们时内心所承受的恐惧！）

遗憾就是人生的一部分，也是让人成长的必要过程。因为经过了这件事，我更强烈地感受到人生的无常，所以总是提醒自己：**珍惜当下，感谢自己拥有的一切。**眼前的一切随时可能会消失，无论是你所爱的家人、朋友或者情人，所以真的没有必要执着于一些令你不开心的小事。与其为了难过的事浪费时间，不如享受和珍惜当下的快乐吧。

2005年，我在新加坡的model照。

七

不要被自己的设限击倒

接受当一个艺人，可以说是我人生中最大的自我挑战，明明知道自己本性害羞，却要接受一个表现自己的行业，**直到现在这一刻，我仍然在努力让自己能够适应站在台上。**

还记得那一天，我和朋友到台北信义区华纳威秀看电影，结束之后走在路上，遇到制作人阿Ken，他们正在找《东方茱丽叶》的男主角，觉得我的型刚好适合，问我有没有兴趣参与演出。

就这样，我一脚踏进演艺圈，拍了第一部偶像剧。

第一次拍戏是非常折磨人的事。对一个生手来说，片场的一切都是陌生的，一切都得要从头学起；我是剧中的男主角，戏份最

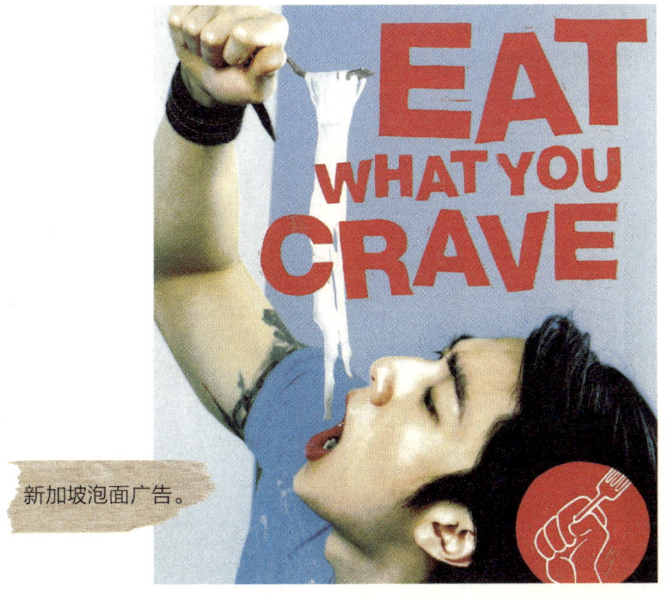

新加坡泡面广告。

在台湾当模特儿，第一次拍GQ杂志。

重，每场戏除了现场众多工作人员之外，还有其他演员盯着我看，让我感受到莫大的压力。

《东方茱丽叶》的导演是王明台，他期望我每场戏都能有专业的表现；做不到他的标准时，他讲话非常直接，什么话都骂得出来，曾骂到我眼泪都快流出来了。

我记得有一场戏需要临时演员，整个片场共有上百双眼睛在看，而我走位出错，让导演气得破口大骂："你滚回文莱去！"

那时候我咬紧牙关，要自己忍耐，就算眼眶泛红，也不准哭出来；我甚至请求天上的妈妈给我力量，让我战胜此刻的恐惧，超越自己的极限。

另外，我的语言也是演戏时的一大问题。我虽然从小读的是华

（右）第一次拍模特儿档案照。
（左）第一次当模特儿在台湾走秀。

语学校，但华语还是不太好，面对剧本时，我必须花费非常多的时间去理解，然后把对白硬背下来。就算在家里已经准备好，到了片场要跟上大家的速度仍然很困难，加上许多专业术语我根本听不懂，只要反应一慢，或理解错误，就会让拍戏的节奏整个乱掉，造成现场的麻烦。

最可怕的是临场改剧本，我原来背的内容完全没有用，得重新死背，这种种挑战，都让当时的我身心俱疲。

那段时间我只身留在台湾，和别人分租一个小房间，因为刚入行，酬劳也不高，所以根本不确定自己一个人能在这里撑多久。上戏时战战兢兢地面对导演和工作人员，下戏时自己研读许多表演的入门书，努力让自己对场景、走位、灯光、后制等有更多的认识。

当时我在台湾没有任何朋友，寂寞的时候只能打电话回家。家

我的第一部偶像剧《东方茱丽叶》。

没有阿Ken就没有现在演艺圈中的吴尊。

合作最多次且教我最多的导演王明台。

人都很担心我，会问我需不需要钱，想不想回家。但对我来说，如果没办法靠自己的力量经营下去，就不如不要当艺人了，所以我没有接受家人的帮助。走在这条路上，我想的是：**希望10年后的自己是什么样子？现在付出的努力可以让我达到那个目标吗？**为了把这些事想清楚，我在演艺事业的起步上，一方面投入一个完全不熟的领域；另一方面要**不停检讨、思考、学习，并努力修正自己的方向。**每当我迟疑时，只要想到曾经历的丧母之痛，就让我觉得天下再无难事。

一直到《东方茱丽叶》拍了四分之三，我才敢跟王明台导演说心里的话。我还记得那一次说着说着，就开始大哭起来，导演还跟我说："你是我合作过最熬得住的演员，也是最认真、最用心的一个。"

听到那句话，我哭得更厉害了，但那是感动，不是伤心。而我也了解到导演的压力比演员更大，一开拍就是在花钱，一个没有到位的演员，确实很容易影响整个团队；何况男主角通常都是有经验的演员，才能带动不同角色的掌握，偏偏我是个新人，又是个外国人，对于导演来说压力也很大。

彼此理解之后，虽然两人还是有无法改变的行为模式，但我们都知道对方所有行为背后的出发点，反而成为惺惺相惜的伙伴。因为要求严格加上脾气直，许多演员跟王明台导演合作一次之后，就不敢再合作了；反而我和王明台导演后来还合作了《花样少男少女》，创下更好的收视率，之后还合作了《阳光天使》。

每当想到妈妈过世和刚进演艺圈这两段经历，我都觉得自己很幸运，也很勇敢。光是留在演艺事业中，对我来说就是困难的决定，也是挑战自我的决定；我可以选择回到家乡专注于健身房事业，而我却选择了留在演艺圈，**选择继续面对自己的不完美。**因为我体会到，过去我的困境来自于**对于未知的恐惧，等到超越了困境，那种受威胁的感觉便会消失，所有焦虑也都不见了。**

现在我回头看待这些刚拍戏的痛苦，已变得很云淡风轻，而且我知道，没有那些压力与焦虑，就没有后来享受拍戏的过程。即便到现在，我仍不觉得自己在歌唱或演戏方面的技巧非常成熟了，我理解自己还是有局限，还是得继续努力，但至少我已经不会再被恐惧绊住，可以专注于不停超越自己的过程。

面对挫折与挑战时，最重要的不是想要立刻摆脱困境或者马上想要成功。反而**应该把脚步放慢，放眼未来，想象一个美好的远景，那脚下的每一步就会安稳，就会踏实。就像拳王阿里（Muhammad Ali）说过的：**

Suffer now and live the rest of your life as a champion!

（现在忍受痛苦，才能像个冠军一样度过接下来的人生。）

拍摄《花样少男少女》让我的演艺事业更上一层楼。

期待四人的再聚首！！！

焦点放在我外表上时，我会很不自在，希望尽快离开那个场合。这导致我对自己的一举一动过于在意，就怕引起他人注意；但对一个演戏的人而言，“害怕引起他人注意”却是致命伤呀！

我刚入行时完全没有经验，对于唱歌和演戏的技巧，也一点概念都没有，因为一切都发生得太快了，根本来不及准备。或许是因为这样，从2006年进演艺圈后我就常常被人称为“花瓶”。因为过于害怕他人的眼光，曾经有很长一段时间，我对于在许多人面前演戏感到痛苦，得失心也变得很重。后来我慢慢观察其他人的演戏方式，也渐渐调整自己的心态，让自己懂得在拍戏现场，当导演喊“Action”之后，一切就是演戏，一切都与现实无关。

演戏让我知道，在某些时候，**你可以不用在意他人眼光，甚至不用在意自己的眼光，就直接毫无恐惧地把自己的内心感受展现出来。**这其实是每个人生命中都应该学习的功课，只是演戏就是细节的展现，所以我对于细节要更注意。

一个人如果认真过生活，就怎么样都不可能是花瓶，毕竟只要生活充实精彩，就不可能像花瓶一样空空如也。

一开始我真的很抗拒只被看到长相这件事情，但随着自己反复地想，却也就想通了一些道理。我想，既然“长相”带给了我入行的机会，那就珍惜这个机会，然后从这个机会中慢慢奠定基础，再寻求大家的肯定。经过这几年我牢牢把握每一个工作，认真地从中学习，也希望能够因为自己目前的艺人身份对一些年轻人起到某部分的示范作用，我更加提醒自己要谨言慎行，对于自己能够给予的正面影响，更加努力地去做。知道自己的长处，也懂得自己的短处，每天都是一个让自己更进步的机会。

另外当需要特技演员的时候，我都会先自告奋勇地说：“我自己来。”有时候导演或其他演员都会劝我，为什么硬要冒这个险？我却觉得一定要自己试过，一方面是对工作的尊敬，一方面也是我对自己的期许。现在的我已经拍了五部电影、六部电视剧，虽然资历不深，却从各种题材、各种角色中学到很多，找到我喜欢的元素。

京剧的挑战。

開♥魔法
TAKE
2
SHOT
18
SCENE
46
ROLL
A156
葉偉信
張文寶 (H.K.S.C.)
Day Nite Int Ext Mos
Sync
SR.

有一天，我也希望
可以拍自己的电影。

拿偶像剧来说，大家都觉得偶像剧中只有浪漫爱情故事，但我觉得每个人的人生中总会有这种浪漫时刻，这是必经的阶段，证明我们也曾经年轻过。电影就更过瘾了。我对和历史有关的题材很有兴趣，像《剑蝶》《大武生》和《锦衣卫》，都是在不同的历史背景下上演不同的故事；《开心魔法》的主题则在华语电影中比较少见，但在好莱坞影片中常常看到，我自己也很爱这种轻松且极具想象力的魔幻片；至于最新的《忠烈杨家将》不只是历史故

与日本粉丝的见面会。

事，还是取材自真人真事，尤其这又是个和家族情感有关的故事，里面所表述的父子情更让我有共鸣。

我曾和制片黄百鸣先生合作过两部电影《开心魔法》《忠烈杨家将》，当初我担心制片想要找我，只是想找外形比较好看的演员。不过我后来发现，两部片的导演叶伟信及于仁泰也指名要找我，这对我来说是很大的鼓励。毕竟导演对角色会有比较直接的想法，如果他们愿意找我，表示除了外表之外，我应该还有一些适合那个角色的特质。

其实在演艺圈待了几年，我真的觉得长相只是成功的元素之一，有时候甚至还是我必须跨越的障碍。说真的，演艺圈不缺长相好看的人，但这些人后来有没有发展、会不会成功，都很难说，**那些成功的人，却常常不是靠外貌取胜，而是靠更多的努力、学习，甚至是无人能比的个人特色。**

对于像我这样因为长相而被注意入行的人来说，要花更大的努力去证明自己的能耐，进步的速度也必须比其他人快，不然很容易被淘汰；如果想接演更多类型的角色，也得花更多力气。

我也很珍惜身为偶像累积的名气，毕竟这些名气的背后是一个个愿意相信我的粉丝，我们之间建立了特殊的关系——不是恋人、不是亲人，却彼此信赖并肩同行。之前他们常会送我礼物，我特别在家里留了一个房间摆放这些礼物。但当愈来愈多的粉丝太过花钱地送我礼物的时候，我就转为鼓励他们一起做慈善，我会请他们将买礼物的钱捐给慈善团体，而粉丝们愿意配合我这么做让我非常感动。**将我们联结起来的不只是“偶像与艺人的关系”，还有想要让世界变得更好的热情。**

我称呼我的粉丝为“天使”，因为没有他们，就没有今天的我，而且我的演艺事业将如同一场梦魇。

曾有朋友问我：“如果将来你女儿像这些粉丝一样追星，你会怎么样？”

我想都不用想，一定会支持。因为我知道，如果我的孩子喜欢一个能影响她、教导她的明星，那将是人生中最美好的事情之一。

我不敢说自己今日很成功，但相比昔日的我，确实是跨进了一大步。人都是要追求进步的，不是吗？面对未来，我仍然会努力不懈，毕竟每个人的人生就是由一连串努力交织出来的，我的也一样。

《忠烈杨家将》是最触动我的真实故事。

喜欢《锦衣卫》大漠判官
这角色的狂野与不羁。

CHAPTER

第二部

那些创业教我的事

“Talent wins games,
but
teamwork
and
intelligence
wins
championships.”

天赋可以赢得比赛，但团队合作与智慧才能赢得冠军。

美国NBA篮球明星

迈克尔·乔丹 Michael Jordan

团结就是力量！

创业心得之一：

让一个人的梦想成为众人的梦想

我的大学毕业照。澳大利亚念书的经验，给了我许多创业点子。

我除了是一个艺人，在文莱也拥有自己的健身房事业，相较于演艺工作，其实我从学生时代就开始创业，“生意人”的角色早在“艺人”的角色之前。严格来说，当艺人之前，我没有做过一天“受聘上班”的工作，两者最大的不同之处在于，上班是别人指派你做事，而创业则是自己要找事情来做，我创业的出发点都很简单，就是传递我的热情到更远大的志向，做我喜欢做的事。

我很幸运在我的生命中拥有这两个艰难的挑战——一个是创业家，一个是艺人。作为一个创业者，我们肩上的责任当然比职员来得更沉重，但确实比不上一个艺人；当你是个艺人，整个世界都在看着你，不管是成功或是失败。不过，这两种角色都让我更能砥砺自己，除了让自己更强壮，也让自己相信，只要持续不断地努力，就能实践梦想。

前面跟大家分享过我在17岁的时候，通过举办3对3篮球赛进行一种“微创业”的过程，事后回想，虽然仅仅是一次短期性的活动，却是我日后创业的原型，我此后的创业其实都不脱几个大原则：**第一，我个人有浓厚兴趣且完全了解该产业；第二，市场上没有别人做过的事，充满独特性；第三，将理念放进计划好的行动中，让我的个人梦想通过创业实现，也满足了其他人的梦想。**

我的第一次创业，是发生在我21岁仍在澳大利亚读大学时。当时我读的科系在大三时有个实习作业，学生可以选择留在澳大利亚当地企业或回到自己国家当实习生，或是选择自己做一个项目，成果可以当作学期成绩。我的个性很喜欢挑战，如果只是留在墨尔本去企业里当个实习生对我来说有点太简单了，左思右想下，我决定回文莱开一家独一无二的撞球场，用创业来当作我的暑期实习报告！

其实，文莱是个没有太多娱乐场所的国家，一般娱乐产业也比较讲究实用性，比如撞球场就仅是提供撞球的功能，而非提供一种“享受生活质量”的风格。我从小就跟爸爸去打撞球，家里也有22球制的斯诺克（snooker）桌台，但到澳大利亚留学之后，才得到一个启发：一个好的运动空间是可以通过情境，带给顾客各种不同的享受与刺激。当时才十八九岁的我有如进到大观园，澳大利亚西式撞球场的精致吧台、灯光、DJ放的音乐、创意料理……都让我觉得非常炫。也因此脑海中突然有了灵感：从文莱人角度出发，这样的场所会让他们喜欢，那就试着把撞球场与撞球文化引进文莱吧。回到家乡创业的出发点就这么简单，现在想想真有点初生之犊不畏虎的味道。

有了想法之后，怎么去执行才是重点。我得去计划

澳大利亚人喜欢户外活动，我也喜欢到广场走走，观察当地人的生活。

整个商业模式、招募员工、拟定市场策略、购买设备，等等，如同八爪章鱼一般同时要做很多事。就在这个过程中，我发现我得改变撞球场的收费机制，因为我所提供的服务，确实与其他文莱撞球场很不一样。

一家店要成功，定位得非常清楚。在文莱，以前都用“便宜”招揽顾客，为了压低成本，就会长出一堆面貌相似的店家——你往往会看见许多长得一样的竞争对手，在同一个区域招揽客人。

我知道我的产品对于市场来说，是非常新的尝试，各项服务与商品的定价不能太低。这种方式很冒险，我却跃跃欲试，因为我深信**一个人的梦想可以成为群体的梦想，只要这家店做得够好、我够努力，一定可以吸引相同梦想的客人。**

食物与饮料也是一家撞球场能否成功的重要因素。我在墨尔本搜集了许多家餐饮店的菜单，从中去分析哪些饮料与食物可以成为撞球场提供的餐饮服务。我还把“玛可提”（mocktail，一种仿鸡尾酒的无酒精饮品）引进文莱，用特调的方式，让在撞球场喝饮料增加了许多时尚派对的氛围，有别于传统碳酸饮料制式化选择。至于室内空间，我先参考了澳大利亚撞球场的规划，再上网搜

带爸爸（左一）去位于墨尔本的St.Kilda Beach（圣科达海滩）。

集许多国外店面的数据，并做出本土化的改变，自己画图，与工程师讨论、监工，最后终于打造出理想空间，取名为："Platinum"。

终于，Platinum盛大开幕了。果然一切和我想的一样，许多文莱人都享受这样的气氛——可以舒服打撞球，悠闲吃西式美食，和大家一起收看体育节目，现场还有炒热气氛的音乐。**我提供的不只是"运动空间"，而是一种生活方式、一种享受、一种既舒服又健康的休闲选项。**

相信梦想并且永不放弃，就成了我往后创业的基石。

在墨尔本，网球与F1赛车是我最爱的运动。

纽约地产大亨唐纳德·特朗普（Donald Trump）曾说过：

I have seen people that are extremely brilliant and they don't have the staying power. They don't have that never give up quality. I have always said that other than bad ideas, which is a reason for failure, the ability to never ever quit or give up is something that is very, very important for success as an entrepreneur.

（我曾经看过才华洋溢的人却没有续航力，因为他们没有不放弃的人格特质，我总说，那就是他们失败的原因。永不放弃的能力对于追求成功的企业家来说，非常非常重要。）

这些球员不放弃的精神永远激励着我。

在这个世界上，一定有很多人做着和我相同的梦，只要我有执行力把梦想实践出来，就可以吸引相同美梦的人，于是这个梦想就能成为一种创业的成功之道。

于是很快地，大家一传十、十传百，我的撞球场营运状况好得不得了！八个月内，我就将我们投入的成本赚回来了。20岁出头的我很享受成功的快感，但是，这堂课教我的其实不只有成功，还有每一位创业者都会面临的，叫作“失败”的创业必修课。

Platinum开幕之后，许多小撞球店受不了我们带来的冲击，所以开始了疯狂削价竞争的“价格战”。面对这样的困境。我明了价格战会是一条不归路，所以我选择在相同价格内自我挑战，给客人更好的服务。但是，当有人在我们楼上开设相同概念、但桌台比我们多5倍、价格更便宜的撞球场时，那样的冲击真的很难让人挺得住。

除了这样的商业危机，我还要回到澳大利亚完成学业，这两个危机确实让我很难跨越。刚好，有位朋友对我们的店有兴趣，愿意买下来，我才决定结束撞球场的生意，再回到墨尔本专心读书。

虽然最后看似失败的结局，但器材卖出去后还赚了一笔——我和合伙人一人拿出台币80万元，结算时也各赚了台币30万元。更重要的是从中学到了不少创业的经验！

大学毕业时，在墨尔本和妈妈合影，
那时我已经完成撞球场的创业。

回到澳大利亚之后，我把这段经历写成了实习报告，整理过程中也更确定了自己的想法与未来的目标：**在一个成熟市场里，我们可以看到许多不同的商业模式，这些产业只要经过适当的本地化，都可以成为另一个市场的先驱者。**我的创业一开始就从这一段的创业经历出发，把喜爱的产业从国际引进文莱，并且改造成适合文莱的样貌。

此外，我也学到了一个重要的功课：要随时准备好面对更强大的竞争对手。所以，我的下一个创业必须随时准备面对挑战；无论事业有多成功、市场占有率有多高，都不可以过度骄傲，才可能让自己永远处于优势地位。

十多年过去了，当初Platinum开店的建筑物已经不在了，然而留下来的经验无比珍贵，曾经实现梦想的喜悦更成为我后续创业的重要动力！

现在再去澳大利亚，还是想做些疯狂的事。

CHINESE NEW YEAR FESTIVAL

2012 CNY Melbourne Vacation

Sat, 21st Jan - Brunei to Melbourne

11am	Check in Crown Hotel
12.30am	Supper Takeaway @ Crown Foodcourt
1am	Settle down and go to bed!

Sun, 22nd Jan - Melbourne

10am	Brunch @ South Melbourne
2pm	South Melbourne Farmers Market
3-5pm	St. Kilda Sunday Bazaar and beach tour
7pm	Sunset Pic session @ South Gate
7.30pm	CNY's Eve Reunion Dinner @ Dragon Boat
10pm	Supper with friends at Brunetti

Mon, 23rd Jan - Melbourne Chinese New Year Day 1

9am	Breakfast + CNY Bazaar at yarra river
12pm	Gong Xi Fa Cai Dim Sum Lunch @ Sharkfin's House
3pm	Chinatown tour
4.30pm	City Shopping - Myer + Melb Central + QV
7.30pm	Gong Xi Fa Cai Dinner @ Lucky Chan
10pm	Casino with family.. Everybody, lots of luck in 2012!!

Tues, 24th Jan - Melbourne Chinese New Year Day 2

11am	Gong Xi Fa Cai Dim Sum Lunch @ Lucky Chan
1pm	DFO Outlet Shopping + Federation Square
3pm	Swimming + Sun Bathing at Crown SPA
7.30pm	Dinner @ Flower Drum 03-96623655
10pm	CNY show!

Wed, 25th Jan - Melbourne Chinese New Year Day 3

11am	Lunch - Viet Noodle @ Russell St.
1pm	City Shopping - Collins Street
3pm	Australian Tennis Open with Wallace
7.30pm	Dinner @ KOKO
10pm	Casino with family

Thurs, 26th Jan - Melbourne Chinese New Year Day 4 + Australia Day

10.30am	Australia day city parade
12.30pm	Lunch @ Brunswick St. Pizza (Chun go to Richmond buy Egg Tart & Viet Bread)
3pm	Brunswick St.
5pm	Smith Street Outlet - Nike
5pm	Swimming + Gym
7.30pm	Dinner @ The Meat and Wine Co. + Eureka Tower Fireworks @ 9pm

Fri, 27th Jan - Melbourne Chinese New Year Day 5

10am	Melbourne Zoo
12.30pm	Lunch @ Fridays South Yarra
3pm	South Yarra Shopping
5.30pm	High Tea @ Café Greco
7.30pm	Dinner @ Nobu
10pm	Café Greco Yummy Tiramisu for supper

Sat, 28th Jan - Melbourne - Brunei

恭喜发财

Trip planner - Chun

出发旅行前，一定要规划好行程。

CENTRAL

创业心得之二：

挑选对的路
而不是容易的路走

车是男孩子的大玩具，我喜欢改装车，在上一部也跟大家分享过，从14岁第一次握住方向盘后，我对于汽车的一切就充满着好奇与兴趣。加上在澳大利亚求学期间自己改车改出了心得，甚至参加车展获得媒体的肯定，这又让我嗅到了创业的机会。

大学毕业照。

当我大学毕业回到文莱之后，改装车店就成了几个创业选项之一。当时有几个创业的想法已经悄然成形——那时候我已经决定要开一个健身房，许多名字正在构思中，为了强调提供“全方位服务”的特性，我取名为“Fitness Zone”，因为“Zone”这个词可以凸显我想用“区域”提供完整健身服务的想象，到了这家店，顾客就可以“一次购足”；也因为此，改装车店也取名为“Speed Zone”，概念一样，就是希望在我的店里，所有爱车人都可以满足对改装车的所有想象。

这部车开启了我对改装车的乐趣，后来也运回文莱了。

与我第一次创业不同的地方在于，在我开新形态的撞球场之前，文莱并没有类似的竞争对手，但这次在我开改装车店前，文莱已有两三家改装车行，这些从业者大都从新加坡进货，从货源的轨迹来看，新加坡改装车市场主要做日系车的生意，所以拿的也是日系车的改装零件，也因此当时文莱的改装车，几乎都是日系车的天下。

打从计划进入改装车这个行业，我就遇到一个必须要做抉择的十字路口：我要跟大家一样，做现有的主流市场，还是应该坚持自己想要的，另辟蹊径做之前没人做过、在文莱有如荒漠的欧系车改装？

做欧系车的改装生意会碰到的困难，除了顾客群的不确定因素外，还有最大的难题：进货渠道。我也可以比照做日系车改装的同业，从新加坡进口欧系车的改装零件，但如此一来，中间多了一层关卡就多了一分成本，新加坡的中盘商报价极高，几乎让我没有任何获利空间。我知道这样的生意要成功确实很困难，但困难并不代表不可能。

种种的迹象都似乎逼我做比较容易上手的日系车改装生意，但我的个性喜欢挑战，而且想走别人没走过的路，所以我花很多时间研究各品牌改装厂商的生态与数据，最后得出结论：既然无法通过新加坡买到欧系车的改装零件，那就干脆直接去和各改装公司或零件厂的原厂交涉吧。

会有这样的想法，其实是之前开撞球场学到的经验。当时运动用品中盘商给我们的价格也非常高，为了用最少的钱做最多的事，我直接跳过中盘商去和原厂交涉，果真拿到比当地经销商更便宜的价钱。开改装车店，我也依循同样原则，跳过旧有采购对象，直接找到进货源头。这样做确实比较麻烦，办理进口海关等手续

我的第一部改装车上了杂志，对我是一大鼓励。

也更繁复，也多了许多和原厂沟通的过程，但我始终觉得这不过就是多花一点时间罢了，**要放眼此举对日后能够得到的效益，而不是去看这条路有多崎岖。**

但是，和原厂的沟通也非一帆风顺，我们遇到的最大麻烦，是许多厂商会拿不同国家来做标准，要求最低进货量，最常被拿来当作对比的，自然是临近的新加坡。但对我来说，文莱毕竟还是个新兴起的市场，真若如此我就会有庞大的囤货压力，也会积压不少创业资金，我只能详细而诚恳地向对方解释，文莱的人口数量、产业风气都跟别的国家不一样，为了将这些细节沟通清楚，除了利用电子邮件和对方沟通，如果遇到厂商来亚洲开会，我会直接买机票飞去与他们面对面讨论。在事业开始前就花费这么大的精力与成本，虽说有点冒险，但俗话说“见面三分情”，对方往往因为我的诚意，愿意给我特别的促销方案，甚至提供店面宣传用、有钱都买不到的原厂道具及赠品，这些对改装车店的草创都有相当的助益。

我是一个不喜欢事事遵循前人脚步的人，但想要创新，就必须先对一切有了全盘了解，才会知道哪些环节有改变、革新的可能。

改装车生意一开始还不错，但还是有许多进步空间，所以我继续动脑思考各种成功的可能性：像是建立改装车文化、组织周末车友会与汽车秀、与制造商和维修中心的紧密联系，等。文莱也因此出现了欧系车的改装热潮，我自己是这样解读，其实欧系车的改装需求一直都在，只是因为没有人去尝试，顾客必须以很烦琐又昂贵的方式来圆梦，一旦有人开始做了以后，圆梦的代价变低了，自然刺激出潜在的商机，而许多同业就会发现此一领域其实大有可为，大家都投入才能造成产业荣景，正如同俗话所说“独木难成林”。

不过在这次的创业过程中，我也遇到了意想不到的重大挫折，最后仍以失败收场。

当时母亲生病，我花许多时间照顾她，改装车店其中一名合伙人，竟然趁机盗用了公司款项，而我却完全被蒙在鼓里。直到母亲过世我才发现此事，心中的沮丧实在难以言喻。虽然盗用的金额不大，但对方却直接逃跑避不见面，也没有还款的诚意，这些无情的作为都让我非常愤怒。

好的合作伙伴难寻，就跟婚姻一样。你必须找到适当的对象，好好经营两人之间的关系，最后才有可能开花结果。如果一开始没有审慎评估，也没有借由沟通确实理解彼此，又没有时间完全掌握公司状况，最后不仅生意保不住，连彼此的情谊也会毁于一旦。

幸而愤怒没有让我从此不相信人，我始终记得母亲生前的教诲：**“弱者才会想要报复，强者懂得原谅，而有智慧的人**

会从挫折中学到教训。”对于那位合伙人，我选择放下怨恨，而经由这次失败，我反而得到了更大的力量。

我的改装车行，Speed Zone。

对我来说，从大学开始改装车到投入改装车生意这段过程仍然非常宝贵，后来开设健身房时，我也秉持着创新的精神继续奋斗，走别人没有走过的路。创业有趣的地方在于，**你所走过的路，都会成为你的课本，让你下一步更踏实。一如迈克尔·乔丹教会我的：**

I have failed over and over again in my life. And that is why I succeed.

（我成功的原因，是因为我曾经一而再、再而三地失败。）

创业心得之三：

身体健康
才是创业的本钱

这是18岁时，从澳大利亚运回文莱家中的健身器材。

我一直很认真地看待“Good health is the greatest wealth of all.（健康是最大的财富。）”这句话。

我从小喜欢运动，在15岁那年成为健身狂。我的启蒙者，就是姊夫。姊夫喜欢健身，他对当时喜欢打篮球的我说：“想要打好球，得先拥有完美的体格。”一开始我半信半疑，害怕会变成“大只佬”而变得笨重，移动不够迅速；后来到新加坡看到非常帅气的模特儿走秀，才发现健身不需要成为大只佬，完美体格还能把衣服穿得体面好看。

之后我接受姊夫训练，密集训练了一个月，不但看到了成果，也练出了兴趣。因为我像个好学生一样接受姊夫的指导，他要我做什么我就做什么，就是个健身模范生；所以，姊夫后来都跟刚开始练习健身的人说：“如果你们可以像阿尊过去一样啊，你一定可以在六个月内看到成果的。”

很多人说，练健身的人都是身体壮可是没脑袋，其实不是这样的。对我来说，重量训练也是一个锻炼意志力的过程，更锻炼了我们的心智、耐心、脑袋跟全身肌肉的灵敏度。从那之后，我的运动就不只是运动，还包括良好的体格与健康的身体状态。我注意摄取的食物，确保饮食均衡，也吃足够的蔬菜水果。

因为懂得了营养与运动的重要，我到澳大利亚读大学时，保持健身

的习惯，不但在住处附近找到了固定训练的健身房，也定期到大卖场购买蔬果，自律饮食。我更喜欢到农民市集（Farmer's Market）去买食材，然后为自己做一顿丰盛的餐点，这至今依然是我深爱的好习惯。

我在澳大利亚还养成另一个好习惯，每天至少吃一颗奇异果和其他两三种不一样颜色的水果，摄取天然的维生素C。这些都是很小的习惯，但日复一日地落实，就会为身体带来好处。我的体能状况对后来的演艺事业有很大的帮助，艺人的工作时间不定，演唱会、轧戏都需要体力及爆发力，“吴尊很耐操”这样的评语，其实靠的就是多年来养好身体的积累。

健身就是照顾身体、保持健康，依靠的是无数习惯的累积，好处是年老之后，依然可以拥有高质量的生活。创造属于你自己的事业是一段艰辛的过程，你必须身体健康，才能头脑清楚，明白自己想要什么，而不是只知道不想要什么。我从健身过程得到许多好处，也希望帮助大家以正确方式活得健康。

健身房10周年时，我设计了一款T恤，上面写了以下这些话语：

IT WILL HURT.
IT WILL TAKE TIME.
IT WILL REQUIRE DEDICATION.
IT WILL REQUIRE WILLPOWER.
IT REQUIRES SACRIFICE.
YOU WILL NEED TO PUSH YOUR BODY TO THE MAX.
THERE WILL BE TEMPTATION.
BUT, I PROMISE YOU, WHEN YOU REACH YOUR GOAL,
ITS WORTH IT!

它让你疼痛。
它让你花时间。
它需要你专心奉献。
它需要你的意志力。
它需要你牺牲。
你要挑战自己身体的极限。
沿途一定会有诱惑。
但是，请你相信，当你终于到达目标时，
一切都是值得的。

投入健身业之后，
我会飞到世界各地
参加健身器材展。

这些想法成了我开设健身房的重要理念。我相信健康是快乐的钥匙，而预防胜于治疗；健康也是爱自己和爱家人最好的方式，因为一个人生病了，对于身边的人来说就是莫大的压力。

在我预想的蓝图中，我想提供一套让健身会员人生全面改变的服务，而不仅只提供健身器材的运动场所。创业构想说来简单，但身边亲朋好友却全力劝阻。这也难怪，文莱市场小，一般民众没有健身观念，市场上现有的健身房所强调的，都是让男人练出一身夸张的肌肉，而且器材种类少，环境简陋，如果我真的投入资本，推出高质量的服务，一般的消费者能懂得欣赏吗？

当初父亲也担心我太过理想化的性格，会因此而吃苦。

父亲一直是个话不多的人，但他最棒的一点就是很早就把我当成大人看待，从很小就教我读报纸，他和朋友打篮球，也会把我一起带出去，让我见识运动场上成年人的生活。父亲一直都是用“男人对男人”的方式跟我相处，他是一位很酷的父亲。我14岁那年，跟父亲说自己想要开车，他竟然就答应让我试试看了，陪我在空旷的地方练车，确定我技术足够之后就让我开车上路。当然，这些都是不合法的事，不过总比他没有教我、我技术不纯熟就开车上路好，哈哈。

在做生意上，父亲的习惯比较传统，我则会希望引进更多国际化的新鲜思维，一开始他也不是很能理解，常常会质问我；我明白父亲的质疑出于担心，所以我不厌其烦地向他解释，也以行动与成绩慢慢向他证明。现在想起来，我觉得企业家就是要像孩子一样有无限想象的可能性，哈。渐渐的，父亲也成了我创新事业的最大帮手。

投资健身房比改装车店的资本更高、风险也更大，

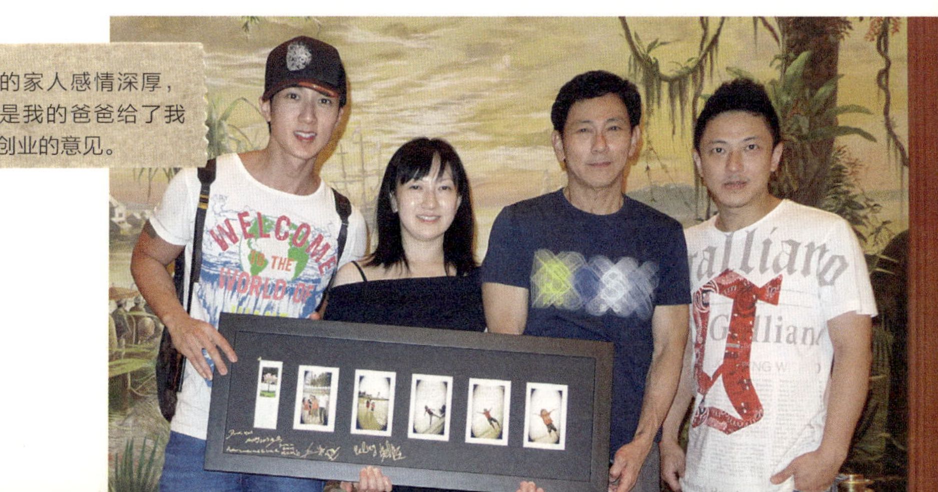

和我的家人感情深厚，特别是我的爸爸给了我许多创业的意见。

我也不想太过躁进，因此就先开了一家运动补给品店来试水温，这家店活了下来，让我更确信文莱的确容得下一家新形态的健身房；于是，我按照当初开设撞球场的心得，要把我梦想中的健身房，也变成所有爱运动的文莱人的梦想。同样，就由我在墨尔本念书时体验过的好的健身房中摘取要素，经过重新组合，并加入自己的想法，一个走在所有文莱健身房的前面，而且本地人会喜欢的雏形，开始慢慢出现。

我是这样开始建立我的健身事业的：

第一，我从健身器材供货商着手，和他们洽谈联系，除了用好价格买进器材之外，也了解他们未来所能提供的，确保我的健身房将来有所成长。

第二，寻找好员工。我特别飞到国外，去各大健身房挖角，做面试访问。这些专业的工作人员都非常有经验了，让我不用从头训练起。

第三，借由阅读、网络和参观国外健身房，确立我的营销与管理蓝图。

第四，设计健身房的室内与配置。那些从国外得到

我希望健身房是会员第二个家。

的数据，得先经由消化并调整成文莱人可以接受的样貌；健身房里的每个细节，大到空间的使用，小到建材的挑选，都是我亲手规划出来的。

第五，一个新概念要传递给群众，得花许多心力。我的方式是借由参与展览、参访学校、与政府部门联系等方式，不放弃任何一个与大众沟通的机会，将我的理念散播出去。

简单来说，这是一所欢迎所有人来体验健康生活的健身房，不是只欢迎想成为健美先生的人。这样的理念在10年前的文莱并不流行，我相信能争取到许多之前从来不上

我的每一个健身房都
是由我监工完成的。

健身房，对健康有危机意识却不得其门而入，进一步想让运动成为生活习惯的庞大消费者上门。我相信新形态的健身房将成为一般民众新生活的起点，培养出健康的对待身体的态度，再进一步改变面对生活的方式。

我希望这个健身房是会员们的第二个家，我们会在健身房办派对，会举办慈善晚会与健行活动。我还希望在这个健身房里，有许多正面能量启发更多人，也分享好的健康知识——从营养、食谱、旅行、在家运动到最新的健身潮流，这些都能从健身房里传递出去。

也因为这样的发想，我创办健身房之初，就设定“不只是健身房，也是顾客的健康顾问”这样的目标，我要求员工在健身房网页上分享有关健康的信息，现在更进一步拓展到脸书，我们会将健身行业内专业的食物营养信息，甚至是简单雕塑身体、在家就可以做的小运动，分享给顾客。许多健身房业者会觉得这等于拿石头砸自己的脚，若是大家在家就可以健身，为什么要到健身房来？但我的想法刚好相反，我认为健康的生活态度必须贯彻在每个生活细节当中，**你来健身房得到的是一种协助，回家自我加强又是另一种进步。两者配合，才能达到最大的效果。顾客觉得有效，也才能形成忠诚度与口碑，创造长期性的消费与介绍更多陌生客人上门。**

梦想是我的创业基石，从撞球场、改装车店到健身房，都是我做自己喜欢的事，实现自己梦想的一种方法，更重要的是分享爱和快乐给大家，也希望别人来分享我的梦想，**无论是员工还是顾客，我都希望大家可以用同样的心态携手前行，共同开创健康、美好的人生。**

我的健身房Fitness Zone一推出，确实不像撞球场或是改装车店一样，立即引爆流行；文莱人花了一段时间才接受新形态的健身房，我也花了很大的精力让他们拥抱这项产业，并找出了许多被遗漏的潜在顾客。

不是每次成功都是一蹴可及，那些没有立即成功的事，反而会引发我更大的潜力，为了实践梦想，我什么都愿意做！一如迈克尔·乔丹所说的：

Some people want it to happen, some wish it would happen, others make it happen!

（有些人想要它发生，有些人希望它能发生，其他人则用创造使它发生。）

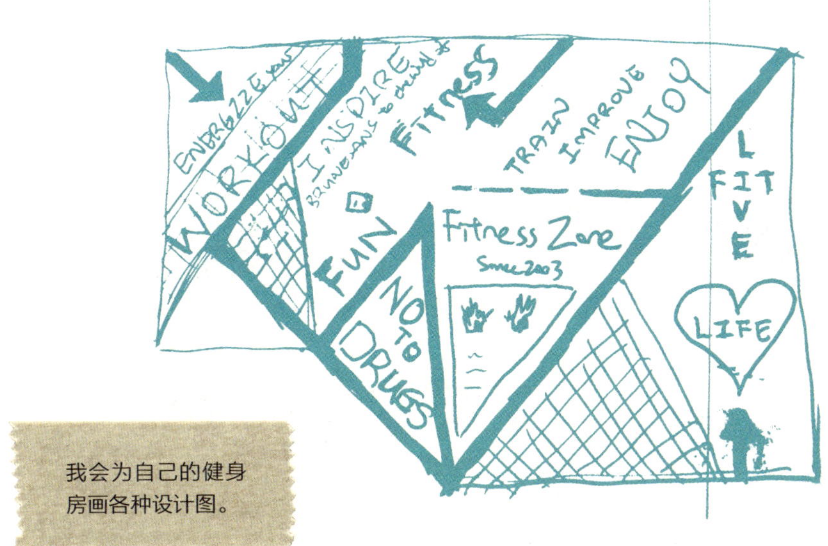

我会为自己的健身房画各种设计图。

创业心得之四：

作为领导者，更要身体力行

我健身房的员工。我在文莱的身份与每天的工作，就是跟不同部门的健身房员工开会。

我向来钦佩那些成功的领导者。从小到大，我不一定是那个站在前方的领导者，却很希望学到那些领导能力；自然而然地，长大以后，我就成为某些领域的领导者。

很多人是先认识了屏幕上的吴尊，才通过媒体零星知道我除了艺人的身份外，还是企业的经营者，也因为这两者的领域天差地远，加上艺人投资副业失败屡有所闻，也因此他们更爱问我一个问题：这么忙，你要如何管理你的事业？

创业要能成功，我的心得是初期绝对要事必躬亲，确保一切能朝规划方向正确前进。这是

身为创业者义无反顾的责任，想把责任交给别人，成功与否自然也操在别人的手里。

我创业的最大动力，除了做自己喜欢做的事，还要相信生命有无止境的可能性。因为这个大前提，创业这件事就可以有原则，不至于乱枪打鸟，同时我也要求自己，要做一个行业，就要成为这个行业的专家。像是健身房这门生意，除了我长期以来练健身的心得外，我也要求自己吸收各种专业知识——当别人一天工作八小时，我要求自己工作16小时，用这个比别人努力的方式，将人家一年吸

收的知识在六个月内了解透彻。在生意场上，占得先机往往就是一切；因此，愈早学会各种知识，就愈能在同业里占得领先地位。

草创期有非常多的细节与抉择，这是创业者责无旁贷的责任，开一家店有太多的琐碎细节，千万不能抱着“空间的事情就交给设计师吧”这样的心态，说好听这叫专业分工，但最后一定落得四不像的下场，道理很简单，设计师不是你，怎会了解创业者想提供什么样的空间与服务给消费者？

也因此健身房的设计，几乎是我亲自一笔一画勾勒出来的，我认为空间会影响心情，在健身之余让顾客身心舒畅的环境很重要，我开设的健身房都很强调采光，大片的玻璃窗除了能让顾客看到室外风景，明亮的室内也更有活力。此外，我也选择了比较明亮、单纯色系的简单美式风格进行装潢，尽量搭配光线创造出充满活力的室内气氛。

我同时规划了空间宽敞的沙发休息区和轻食饮料吧台区，在这些区域摆放许多运动或健康相关的杂志与书籍，还附带提供租借电影DVD的服务，顾客来一趟就可以得到许多休闲上的满足。在跑步机上方也设置了电视屏幕，而且每台电视播放不同频道，消费者可以根据他喜欢的频道而就近选择跑步机，这些贴心的细节其实会让顾客在健身房的活动得到满足，也增进忠诚度。

早年文莱的专业健身人员不多，所以我从菲律宾挖角

健身房里，许多角落都有我的用心。

了20位员工。为了让他们理解文莱人的心态，我常和他们进行“角色扮演”的训练：我扮演文莱当地客人，请他们进行接待与服务，借由这样的实战演练，才能确保他们掌握文莱人的需求，以及可能进一步提供的服务。

凡事起头难，而且好事往往多磨。成立之初就连健身房的课程种类都是由我亲自选择、规划、找老师，并且安排课程时间。**亲力亲为不但能确保事情在正确**

每年我都会邀员工到家里，由我掌厨煮饭给他们吃。

的轨道上运行，也可以帮助我在放手之后掌握状况。毕竟所有的细节都处理过一遍，之后若遇上任何问题，员工碰到困难，我都可以快速地进入状况，并迅速找出问题症结进行处理。

不过，也因为亲力亲为、要求完美，我和员工的关系一度变得紧张。我采取的方式，是鼓励他们对我发问。老板与员工常会因为所处的位置不同，容易产生误解；这时最好的方式是彼此沟通，大家都是人生父母养，一样有喜怒哀乐，能直接对话，就能消除误解了。我所主导的企业文化是真诚、有趣和正面能量。一如人与人的关系，我相信唯有真诚的工作伦理才能创造企业长足的成功。

开设健身房之初，会员回馈的表格与信箱就是我的重点规划之一。**我不怕自己犯错，只怕没有人指出我们犯了错！**我也是这样提醒员工，让他们知道犯错并不可怕，只是你要能够承认过失，尽量想办法去改善。有一次，一位会员直接写信给我，表示淋浴间的莲蓬头已经松脱了一阵子，都没人理会。我当天立刻到现场请员工处理，也以此例子再次叮嘱员工注意设施的维护。就是这样愿意聆听错误，许多资深会员从健身房成立的第一天就和我们在一起，到今天已经10年了。

和员工保持经常性的沟通很重要，有次在员工会议上，我请他们读一篇关于人际关系的文章。有位员工问我：“在员工与顾客之间，你会选择谁？”

当时我直觉想到："顾客永远是正确的！"这句话，没经过思考就对他们说："我会选择顾客。"然而那天晚上，我失眠了，一直翻来覆去地思考自己的答案。第二天，我回去跟员工说："我决定改变答案，选择员工。"因为我想通一件事，**唯有好好照顾自己的员工，他们才会有动力，这才是完美团队的优点。**

创业是大家来参与我的梦想的一种方法，员工自然是跟我一起造梦、分享梦想最重要的一群人。即使我不在文莱，也会通过电子邮件与员工沟通，或是寄有用的自我成长信息或影片给他们；也鼓励他们把真实的想法回馈给我，我有做得不好的地方，也一再提醒他们反映给我知道。

只要我人在文莱，就每天到健身房开许多会议；遇到扩建、装修的时候，更是每天拿着自己画的设计图去监工，确保每一项物料与施工方式正确，也确定进度顺利。从大卖场中草创的第一家门市，到现在有了三家的连锁，健身房事业的成功带给我很大的归属感与幸福感。

进入演艺圈之后，投入健身房的心力与时间不像初期那么多，但每次走进这个如同"家庭"一般的空间，仍然让我感到快乐和永不消失的兴奋。因为这里记录了我和员工的所有足迹、心血、梦想，还有许许多多因此而快乐健身的人们。

F Z 2012
STAFF
ZOO YORK
BULLS

创业心得之五：

寻找被遗漏的人

2003年国家健康展览让我第一次近距离接触苏丹国王。

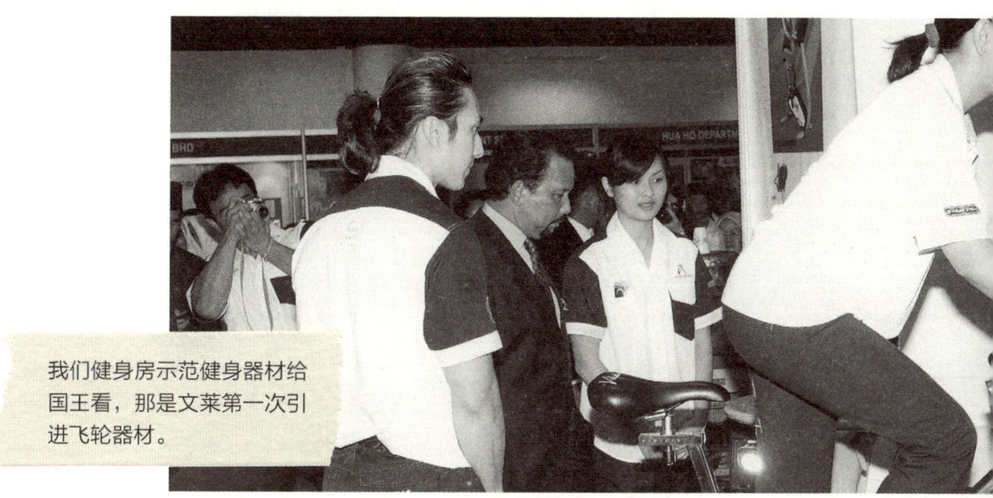

我们健身房示范健身器材给国王看，那是文莱第一次引进飞轮器材。

做生意，自然会想“Who is our target market?（顾客在哪里？）”，大部分的创业者都会针对原本就是重度使用的“主顾客”，但如此一来，不但容易陷入红海的竞争，也无法争取到更广大的消费者。为了让企业更独特，我试着瞄准更特殊、更小众、更精准的市场。因此，我会从商业心理学的角度，学习从顾客端来看整个企业；这就好像当我接到一个新的角色时，会从这个角色的人格特质去揣想他的生活一样。

以前文莱健身中心是让男人去训练肌肉，并不提供完整的健康与营养规划，加上整体环境不佳，根本很少女性会走进去。相对于其他国家，文莱比较重男轻女，这让我开始思考，是不是可以从健身房开始鼓励文莱女性，让她们和世界上其他女性一样拥有自信。

环境的改造是第一步。首先要把空间规划得让男生和女生都觉

得舒适，厕所、更衣室和淋浴间也要公平分配，维持同样的整洁度。器材方面也必须照顾到男性与女性的需求，教练也要能满足男性和女性不同的健身需求。**我还特别设立一个女性专用的角落，让她们感觉更自在；再来我还希望有女性团体课程，让女性在健身房里得到更好的对待。**

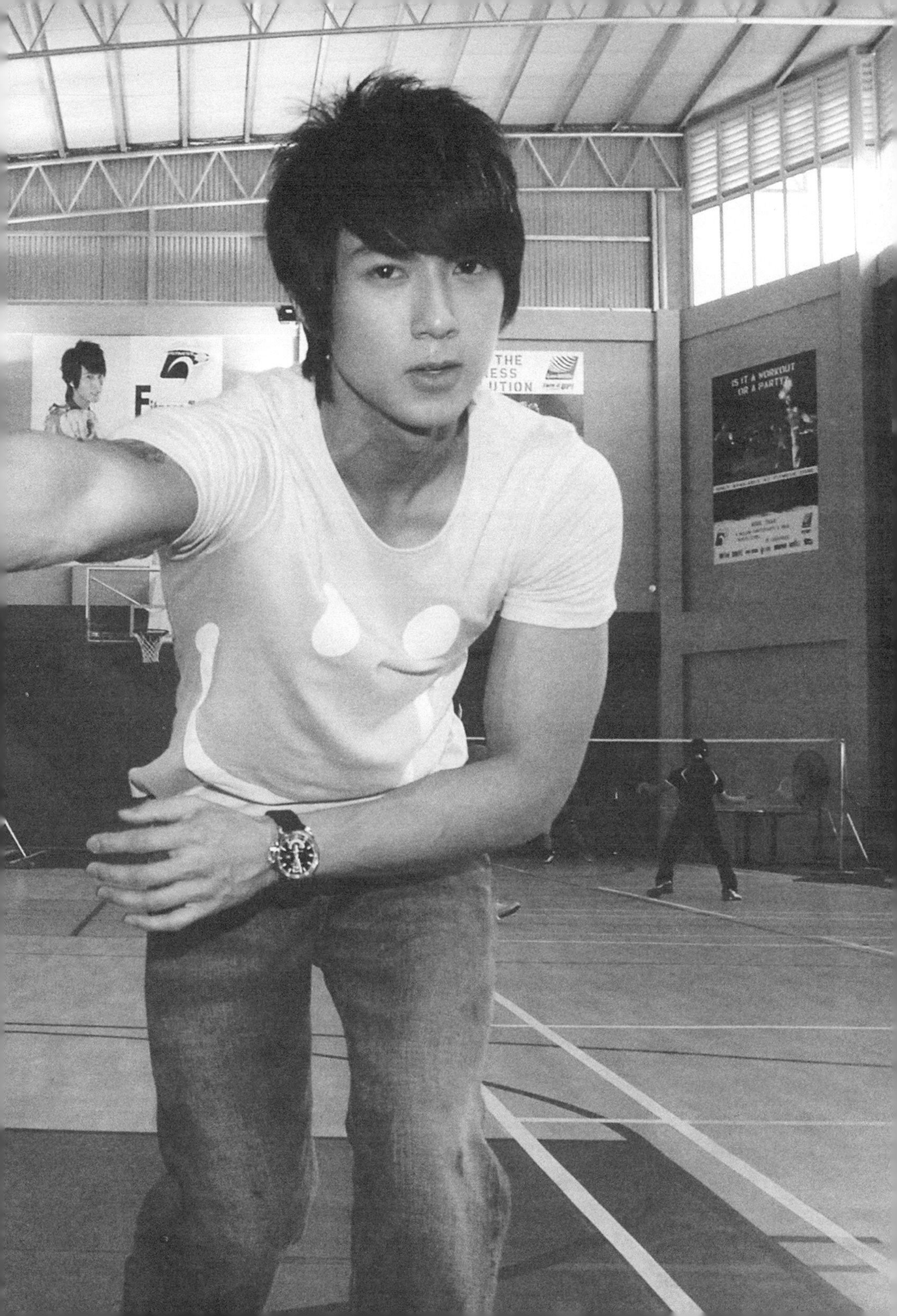
IS IT A WORKOUT
OR A PARTY
THE

2012
WALKAPA
WALK AGAINST CANCER
Together it is possible
Hosted by:
Kementerian Kesihatan
In collaboration with:
Sekolah Perdagangan
Supported by:
national cancer centre
National Cancer Centre

这么努力推广健康生活，也是因为母亲的经验。虽然癌症不是靠运动就可以治愈的，但我相信人体必须是一个均衡系统，及早保持健康，摄取足够营养，不抽烟，避免不良生活习惯，让这个系统用正确的方式运作，才不会累积问题，造成不可挽回的疾病。

为了吸引女性来健身房，我们设计各种方案，比如开设女性专班，并在特定时段或日子对女性做出减价优惠，也举办柔性活动鼓励她们来参加。在母亲节、情人节等节日时，我们也会举办小型聚会，鼓励妈妈带孩子一起来同乐，这样才不会有女性为了照顾小孩而被限制在家中。我们也让营养师带着女性一起逛超市，让她们了解如何挑选健康食材。

为了确保女性拥有保持身体健康的正确概念，我们也举办有关女性疾病的卫教活动，邀请专业人士讲解必要的专业知识，并借由活动更了解自己的身体。**有了相关知识之后，她们也更明白如何照顾自己、如何寻求医生帮助；即使生了病，也能用健康、勇敢、积极的态度面对疾病。**

不要轻忽运动，运动除了让心态变得开朗之外，也能造就很多改变。比如感情关系中，女性有时会处于弱势地位，就算受了委屈，也不知道如何为自己争取，甚至根本不觉得自己有发言权利。能够主动接触外界，广泛建立人际网络，就会对于自己的情绪与需求比较踏实，毕竟在健身时，她们必须不停设定目标、挑战自己，而当一个个目标逐渐达成之后，我相信留在她们内心的力量可以帮

助她们面对更多挑战。

许多健身房带来的正面影响是连我自己都没有预料到的，**你对着本来被遗漏的人伸出友善的手，他们也会回报你，他们自己感觉到改变，也带动身边的人跟着改变。**像是有许多孩子，由于妈妈会来健身房，自己也慢慢对运动产生兴趣；许多对亲子也在这里建立了友谊，甚至交换育儿信息。这些改变持续发生，才能让健身房继续蓬勃发展，并且为更多人带来正面的能量。

我相信，10年之后，我一定会很高兴自己在文莱推广健康的生活方式，而且我也深深相信，文莱的女性和世界上的女性一样，应该都可以活得更健康、更强壮！

这几年来，我把“寻找被遗漏的人”的关注力扩及女性以外的族群——年长者与身障人士。我的第二家健身房就是这样思考的结果。我在店内增加了一些适合年长者的新设施，也注意到身障人士的需求，所以也另外增加了无障碍设施。

年长者或是身障人士的运动，确实是健身房较少注意到的领域，我很高兴我意识到这些族群的需求，并且花了时间研究，引进了许多独特、先进的器材。老年人为工作与家庭奉献了一生，应该被悉心照顾才是。

寻找被遗漏的人，其实获利的是自己，不只让自己的心境变得更开阔，还让企业的扩展更具厚实度，因为你创造出前所未有的商机。这个世界充满无尽的可能性，唯有相信才能带领我们达到。

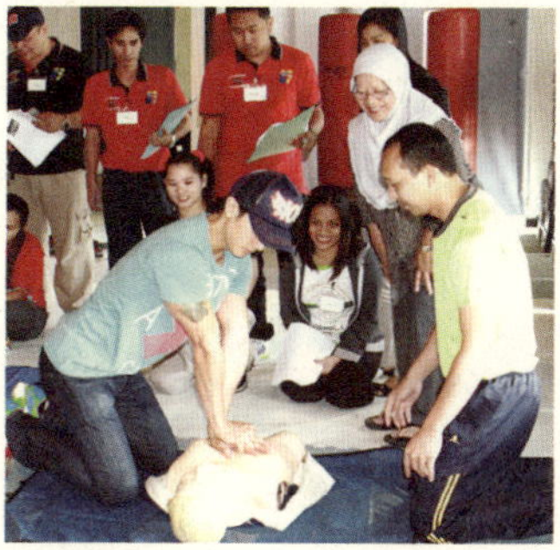

我们健身房为会员举办不同活动，散播更多健康讯息。

创业心得之六：

做对的事，创造正面力量

我的健身房每年都会有两次捐血的活动，只要我在文莱都会参与。

企业只能做赚钱这件事吗？从另一个角度想，只想着赚钱的企业，就一定能够赚钱吗？

我觉得企业一旦开始运作，就像一个有机体，能做的事情也许不仅仅只有本身的营业项目而已，如果企业能够打破自身的限制，积极与社会互动，往往会产生意想不到的效果。在我的经验中，公益活动与异业结盟，出发点都不仅仅只为了获利考虑，却为企业带来了无法以金钱计算的正面帮助。

我在文莱以健身房的名义参与的公益活动，是从鼓励员工捐血开始的。你能想象吗？文莱之前很少举办过捐血活动。这不代表文莱没有缺血问题，只是人民和政府一直没有这项习惯。加上文莱政

府非常照顾人民的基本需求，大家看病都不需要付钱，于是有许多医疗相关的配套措施，在国外寻常可见，甚至是理所当然的事，这里却从来没有尝试过。

对于文莱人而言，“捐血”是一件难以想象的事，甚至还有点可怕。有一次我在报纸上看到了医院有缺血问题，就觉得这是应该要解决的事；我立刻和政府协调，并且率先在健身房内发起了捐血活动。

这次的活动令我非常感动。首先，我和我的员工都没有捐过血，大家都非常害怕，然而在我的号召下，他们都拉起袖子捐血。我们也为这次活动做了记录，每个人的表情都既兴奋又紧张，有些人还一边皱眉头一边欢呼。活动结束之后，政府非常感谢我们的发起与配合，以后也固定来找我们合作相关活动。

更让我讶异的是，我的员工非常热情，事后纷纷把许多捐血照

片搭配文字后放到网络上，这不但为健身房树立了正面形象，也为我们之后举办的捐血活动做了最好的宣传。有些人甚至在照片上感谢我帮助他们献出了捐血的“第一次”，还写了卡片来感谢我。对我来说，这些良性的互动不只是在做好事，更改变了大家对参与社会活动的想象。

为了延续母亲生前做的慈善活动，像是领养非洲孩童，此外我也会在过年前带领员工拜访孤儿院及老人院。除了捐献一些必要物资外，我们也会根据对象设计简单的表演或同乐活动，像是健身操为主的伸展运动或小游戏。我们自己带音乐去放，和大家一起唱歌、聊天、做操，也会观察或询问他们的需求。

要是在报纸上看到一些需要关怀的对象，我也会思考自己可以做些什么，然后和员工一起开会讨论各种可能的方案。**如果我的员工主动想出不错的方案，我也会很开心，并给予鼓励，因为那表示在一路走来的过程中，他们也和我一起**

在这些活动中成长、茁壮，变得更懂得思考，更会照顾别人。

若是发生了国内或国外的重大灾难，除了我带头做慈善之外，我也会让健身中心成为募款的媒介与管道。像是日本“3·11”大地震时，我就降低了会员的健身费，鼓励他们把多余的生活费拿去捐款，另外也在健身房设置捐款箱，鼓励大家小额捐款；捐助的金额达到一定数目，我们还会发送感谢函。

在慈善事业上，我的艺人身份确实帮了很大的忙，因为有了一定的知名度，让大家愿意相信我举办的活动；之前健身房树立的正

健身房举办的植树活动。

面形象当然也有加分效果。

长远来看，我更希望能设立正式的慈善基金会，用一种更超然的地位来帮助需要帮助的人，不仅能更有组织，相信帮助的力量也会更大。

2011年，位于文莱的第三家健身房开幕，我们举办了开幕典礼兼慈善嘉年华，并捐款给Pusat Ehsan及Smarter两个分别帮助伤残及智能障碍人士的团体。开幕典礼除了推广新的健身房，也强调慈善工作的重要。我相信对员工、会员、当地人，甚至是远道而来的粉丝而言，都是一场发人深省的活动。

2012年，我也配合《文莱时报》（*Brunei Times*）为菲律宾民答那峨岛的台风灾民募款，当时推出的方案是以健身房老板的身份，免费提供两次30分钟的一对一教练课程，内容分别是篮球和健身课程，然后开放大家来竞标。虽然只是为期两天的竞标活动，但大家的反应非常踊跃，也募得不错的款项。

另外还有一个有趣的经验，在健身房举办的一场植树活动中，一位来自中国香港的朋友和我打了个招呼。他并不是粉丝，只是来文莱拜访朋友，结果就被拉来参加植树活动。回到香港之后，他把这段经历投稿到报纸上，表达了自己参加活动有多开心！后来有朋友看到，就把那则投稿剪下来给我。除了粉丝之外，我从未想过在文莱举办的活动会影响到其他国家的人，可以说又是一次开心又有趣的经验。

基本上，我认为自己创设健身房和做慈善的心态与目标都一样。我希望大家过得更快乐、更健康，也更平安。**有些时候我们必须要知足常乐，有些时候我们可以想办法让自己过得更好，还有些时候，当我们过得够好之后，更要想办法去帮助别人。**

因此，我也会主动洽谈许多异业合作，希望能在兼顾利润的同时，推广健康的生活态度。举例来说，我会和餐厅合作，让顾客去消费抵达一定金额换得健身房体验券，因为饮食就是健康生活态度中重要的一环。另外，我也重视与学校与政府机关的联结。

之所以在意学校，是来自母亲的启发。母亲一直非常注重子女的教育，在照顾弱势族群时，她也特别在意孩子的生活与教育环境；她在世时领养了三位非洲孩童，还捐钱盖了希望小学，都是希望孩子能够有更好的成长环境，长大以后才会有更好的发展机会。这些孩童在她离开之后，我继续认养，更希望文莱的孩子也能拥有健康的身体。

我的方式是与学校联络，让健身房教练可以去教导孩童健康的体适能（即Physical Fitness，是指人体所具备的有充足的精力从事日常工作［学习］而不感疲劳，同时有余力享受康乐休闲活动的乐趣，能够适应突发状况的能力。）概念，包括BMI自我检测、简单有氧运动、正确的饮食观念，以及运动时该有的知识与准备。

我也特别重视与政府机关的合作，这其实是一种让健康影响力增加的最好方式。比如在2011年4月，文莱的卫生部（Health Ministry）就与我们合作，举办了“打击肥胖”的活动。卫生部提供“健康生活诊疗”（Healthy Lifestyle Clinic），我的健身中心则提供参与者为期12周的训练课程。其中还包括了特别引入的水中有氧运动。就为了一同帮助文莱人解决肥胖问题。

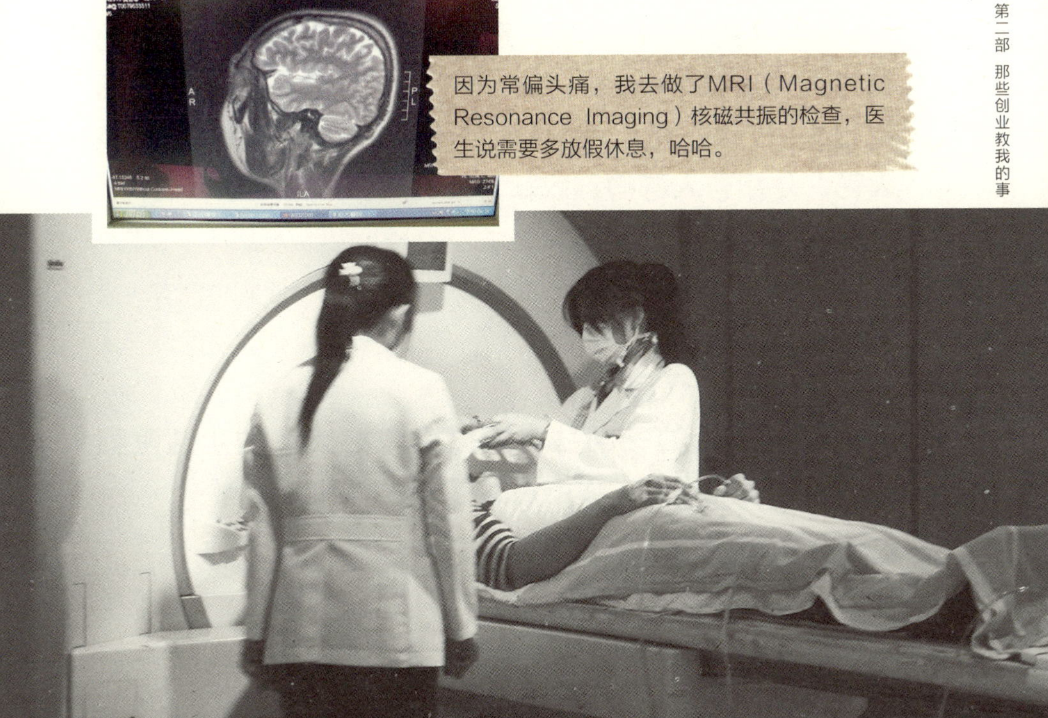

因为常偏头痛，我去做了MRI（Magnetic Resonance Imaging）核磁共振的检查，医生说需要多放假休息，哈哈。

有些人喜欢把利润与社会责任切开来谈，我开了健身房之后，却觉得这两者并不是那么互相排斥。**如果要追求利润的极致最大化，社会责任或许会被视为绊脚石，如果可以在两者之间取得平衡，在永续经营的前提，利润与社会责任也能共生共存，发展出共同前进的模式。**因为这样，我们得到2012年“Enterprise Asia's Corporate Social Responsibility（亚洲企业社会责任）”奖项。

到了现在，即便不主动去接洽，文莱政府与民间组织也会主动举办一些我之前推广过的活动。愈来愈多的人认同健康的生活方式，也愿意投资时间、金钱与精力来保养身体，甚至把这些活动当作人与人之间互动的愉快方式。对我来说，这种成就感往往超过实质利润。

向外寻找合作机会其实是一种挑战，也是一种勇敢把自我展现出来的能力。我一直相信，所有人都不应该把自己局限在框框里，才有可能在合作过程中激发出更多火花，让所有人都得到收获，因此成长。如果我们有办法彼此扶持，那大家都会一起过得更好，而我的健身房就是这一切发生的媒介。唯有达成这个目标，利润才会有意义，也才有可能有所成长，这一切环环相扣，绝对无法独自成立。就一个最基本的概念来讲好了：如果大家生活不好、不快乐，他们又怎么可能想要消费？**消费就是生活的一部分，所以只有把大家的生活照顾好、心情也照顾好，你所做的事业才有意义。**

我很喜欢Richard M. Devos（理查·狄维士）说的这句话：

Few things in the world are more powerful than a positive push. A smile. A world of optimism and hope. A "you can do it" when things are tough!

（世上少有比正面能量更有力的事情了，微笑、乐观与希望，就是遭遇困顿时你所能做的。）

让我们将这样的态度带入自己的生活吧。

在各个不同的场合将健康概念传递出去，才能创造更多正面的力量。

创业心得之七：

共同成长

我的第三家健身房于2011年2月13日开业。

其实如果仔细检视以上六条创业心得，会发现一切都是所谓的“共同成长”。

许多人创业，是创造一个对立的位置——我是老板，我要消费者心甘情愿从口袋里掏出钱来。当然，我们创业就是希望事业能稳定成长，但在这个目标之下，其实是有机会创造双赢的。

我的方式，是自己想办法吸收新知，再带领我的员工吸收新知，然后把一切回馈给会员。投身慈善活动的运作方式也是这样，我希望以身作则，创造一个善的循环，让更多人走进这个圈圈里，一边吸收，也一边付出。

换句话说，我们和消费者的位置不再是对立的，我们都是为了共

同的目标而努力：**我们想让自己和旁人的生活变得更好。**对我来说，这才是创业之所以能够创造利润的源头，也是比利润更珍贵的无价之宝！我记得威尔·史密斯（Will Smith）说过这样一句话：

Your life will become better by making other's lives better!

（别人的生活过得更好，你的生活才能过得更好。）

即使你已经成功，却没有赢得别人的尊敬，这样的成功也不会让你快乐的。

如果我的健身房能被认为是个成功企业、好企业，我的秘诀就**是一直保持学习、成长的心态，也希望员工与会员共同成长。**

即便现在已经开了三家健身房，我还是不停进修健身专业知识，如果有新的健身器材或活动出现，我也会立刻搜集信息，看是否适合引进

到澳大利亚生活后，我养成自己上市场、自己煮饭的习惯，也希望把这样的健康生活方式散播出去。

文莱。当然，光是自我提升还不够，我也常常送员工到国外进修，这样不但能让他们学习新知识，也能帮助他们拓展国际化的视野；最重要的是，还能引进更多新课程回来，好让我们的会员永远感到新鲜。

若是没有好团队，怎样的好点子也无法执行。过去，我努力学习商业经营，也找到许多独创的点子，然后发现我缺乏的是好员工去完成这些任务。所以，我花了许多心血与金钱去寻找好员工，让他们去帮助我的公司茁壮成长，也带领我们的会员一起茁壮成长。

我的健身房已经开业10年了，从一开始，我就很想请一位营养师，因为健身一定要搭配均衡饮食才有意义，不过这个目标一直到两年前才实现。

文莱本地没有合适的营养师，所以我从国外邀请过来；这位营养师对于文莱当地的食材与饮食习惯没那么熟悉，我们也花了一些时间讨论、沟通，还做了一个“超市导览活动”，就是带会员去超市重新认识各种食材，并介绍一些更营养、简单的饮食替代方案。活动过程很热闹，成果也很好！我也会要求教练多多吸收营养方面的知识，以帮助他们成为能够提供全方位服务的健身教练。

表面上看起来，这只是一个成功的营销活动，其实不然。

当会员愈来愈懂得健康，就会把这样的概念散播出去，让文莱人也渐渐更重视健康；而这些共同成长的意义，就创造了一个好的循环，让更多非会员也会被感染，进而加入健身房来让自己更健康。

因为对于健康饮食感兴趣，我自己也开始尝试“Super Food（超级食物）”；像我最近就常吃奇异子（chia seed）、甜菜根（beetroot），还有南瓜子、胡桃等坚果类。我又动念一想：应该把这样的健康饮食观念推广出去，文莱市场应该已经成熟到可以接受一家健康概念餐厅了。

于是，我把父亲手上的一家餐厅重新包装，打算在年底开设一家健康饮食概念餐厅，Energy Kitchen。

梦想和健康，是我创业的根基，就是为了把这样的观念推广出去，我才选择了开创健身事业。创业不一定要去做多难、多不一样的事，先问问自己的梦想是什么？相信与你拥有共同梦想的人不在少数，选择走在一条对的道路上，寻找独特的点子、被遗漏的人，做对的事，**你就会发现：你的成长带动了别人的成长，而别人的成长也加快了你继续成长的脚步。**

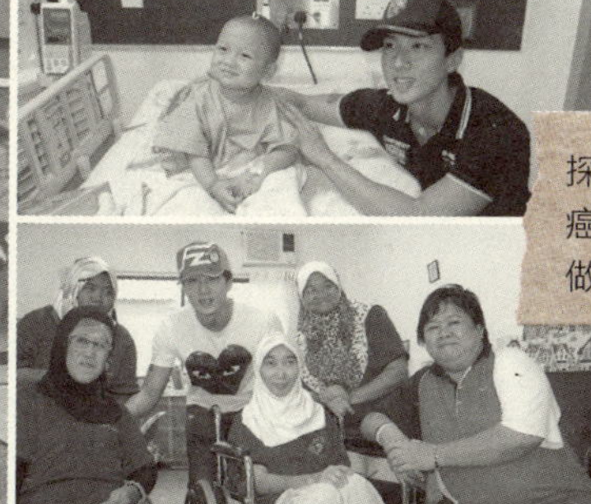

探访老人院、孤儿院、癌症病房，都是我常常做的慈善活动。

第三部

那些习惯教我的事

"Lead a life of your own design, on your own terms — not one that others, or the environment have scripted for you."

你的人生由你自己创造，用你自己的方式，
而不要仰赖别人的方式，
更不要屈服于周遭的环境。

美国励志书作者
安东尼·罗宾斯 Anthony Robbins

LONDON

终于跟我心目中的神迈克尔·乔丹合影了。

一 寻找好典范

前面七个心得是我自己创业心得的累积，但这些还得奠基在每天练习的八个习惯上。

我总是相信一个人能够成功，背后一定有他独特的原因，不管是人格特质或者是他付出的努力；从他思考事情的方式到做事的方法，都一定有值得我参考和学习的地方，因此一直以来关于别人的“成功故事”是我最爱阅读的书籍种类——有些是赫赫有名的名人，有些是默默行善的好人，这些故事都让我爱不释手，从中获得许多宝贵的智慧。

一个好典范，是我最早学会砥砺自己的方式。许多朋友都早就知道我从小就是一个死忠、疯狂的迈克尔·乔丹迷。一开始我和乔丹一样，对于得胜有强烈的欲望，但没有观察到乔丹在场上的沉稳与思考能力是经过多少训练才具备的才能。因而在我自己

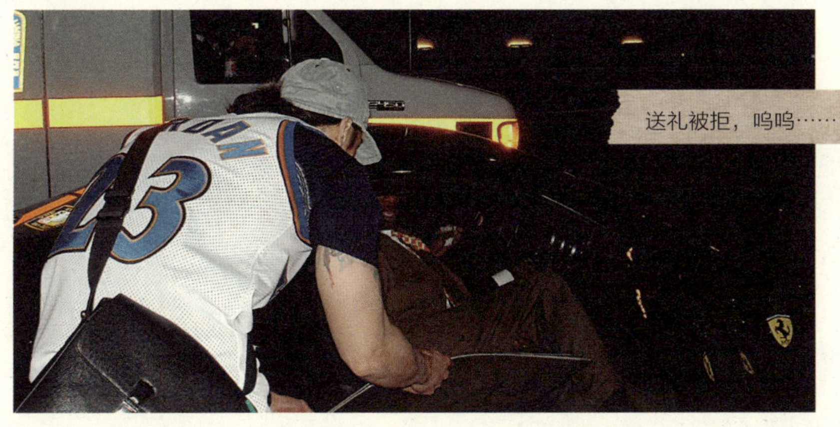

送礼被拒，呜呜……

健身房都挂满了乔丹签名的篮球服。

身为篮球队长时，在领导队友方面遇到了很多难题，乔丹等于是为我指点了一条光明大道。

我一边欣赏他在篮球方面的精神成就，一边疯狂观赏他在各个媒体上面的访谈内容、他出的书、他在各种影像片段中的只言片语。我**把他说过的名言佳句抄下来，慢慢思考，并在生活中慢慢转化成自己的想法，运用在实际的事情上。**我觉得这个过程很重要，**如果你觉得有一个很好的学习对象，那就要找到一个适合自己的方法，去把他的人生经验转化为自己的养分。**

之所以会如此崇拜他，是因为他让我明白：人应该追求“好，还要更好”！结果不是最重要的，而是有没有表现出应有的精神。虽然他很早就有了惊人的成就，即使感到恐惧，也总有办法化恐惧为助力，在场上一次次超越自己；他同时还是一个很好的领导者，总是能想办法带领队友克服一道道难关。

我就是从乔丹身上学习到“如何面对失败”。即便身为一位厉害的球星，也无法从此避免失败，所以他也说过许多和失败有关的名言，例如：**“我可以接受失败，毕竟大家都偶尔会失败，但我不能接受不战而败。”**在他带领芝加哥公牛队一起奋战的生涯中，我看到他偶尔虽会遭遇失败，但从未被真正打倒。也就是因为这段过程，我才终于真正明白：**太在意一时输赢的人不会是真正的赢家，能够重视奋斗过程，并真正走到最后的人，才能够被称为最后的赢家！**

乔丹在打篮球时一直是领导者的角色，在篮球这个领域，他几乎也达成了无人能及的成就。然而他并没有就此打住，后来还跑去打自己一点也不擅长的棒球，在那段时期，他再也不是所谓的“领导者”，反而是必须被他人领导的“菜鸟”，然而他为了挑战自我而安于接受这样的角色。不管他是篮球天才还是棒球菜鸟，他面对训练的态度都是一样的。他总是第一个到达练习场，也是最后一个离开的；面对任何的练习，都像是他运动生涯的最后一场比赛。**我觉得每个人在人生中的角色会时时变换，所以需要拥有**

为了迈克尔·乔丹，我在美国到处飞，看他的球赛。

我喜欢搜集与迈克尔·乔丹相关的所有事物，也到他的餐厅用餐。

适应不同角色的弹性。比如我在当篮球队长或健身房老板时，就必须担任一个领导人的角色。所以我会大量阅读相关书籍，学习新知，好让自己拥有足以领导他人的能力。

但是当我进入演艺圈后，无论是身为歌手或演员，我需要学习的地方真的太多了，所以我就需要转换心情，虚心求教，还要懂得听取别人的指示。如果我在拍戏现场还保持着健身房老板的姿态，只想要指导别人，那怎么可能把戏演好？当然，不论是什么角色，如果有意见，仍然可以直接表达出来，并且尽力与对方沟通，

我成立的Fitness Zone篮球队，在文莱公开赛拿冠军。

但绝不要忘记自己当下的身份。**学习被人领导其实也是一种艺术，而且有些时候，在了解自己的局限之后，放手让别人领导你，其实可以学到更多，甚至有可能认识和平常不一样的自己。**

除了这些对人生有益的课题之外，乔丹还让我理解了拥有一位偶像的快乐。大概也只有他，可以让我做出许多疯狂的事。我曾经为了找他签名，特地探听他的行程，然后在他芝加哥开设的餐厅门口等他。其中还有一个有趣的小插曲：在等他的时候有个路人知道我是来找乔丹签名的粉丝后，就跟我闲聊了许久，后来我看媒体上刊登的乔丹报道的照片才发现，那人其实就是乔丹的好朋友。

令人崩溃的是，那一次我好不容易等到了乔丹，拿到签名，也一起合照，但离开芝加哥之后才发现因为相机的闪光灯坏了，我们合照的照片竟然一片漆黑！

我怎么肯就此作罢呢？赶紧换了一台功能正常的相机，并且反复试拍确定没有问题，然后又特地再从纽约搭飞机回到华盛顿找他，最后终于成功和他合照。很疯狂对吗？相信我，那是因为他是“Michael Jordan”，如果不是他，我也不会做出如此疯狂的事，当然也就不会拥有如此有趣的回忆。

今年是他的50岁生日，我再度特地搭机到波士顿观赏NBA ALL－STAR全明星赛，另外，为了购买为乔丹推出的限量商品，我还无怨无悔地跟着大排长龙的队伍排了五个小时，终于满足地买到限量的T恤与袜子。变身为小粉丝的感觉依旧是那么美好，因为那就是最真实的自己。他是我从小到大都敬仰的明星，所以一直到现在，我还是愿意为了他做出各种疯狂的事。

如果不是因为他，我在小时候不会懂得如何超越自己，不会懂得如何领导团队，也不会明白失败的重要性；如果不是因为他，我也不会知道拥有一位精神导师是一件多么令人安心、快乐的事。人的一生中如果可以找到这么一位偶像：你可以为他的成功欢呼、为他的失败难过，甚至为了他退出篮坛而落泪，其实真的是一件很幸福的事。借由他的奋斗经验，而更了解自己，并因此开拓了更好的人生，真的是无论如何都不能被取代的经验。

到现在，每当我感觉对生命中的任何事情失去热情时，我都会去看看他以前的比赛画面，还有我搜集的剪报与周边商品，然后很快又会重新燃起对生命的热情。现在我的球技当然不如之前打国家

和老队友一起组队去打巡回赛。

队时那么强了，但那份精神还在。2012年时，我还曾经和老队友一起组队去打巡回赛。当时我们都已经是超过30岁的人了，打起球来不可能像从前那样英勇、帅气，但大家还是觉得很开心。**青春会过去，回忆会留下，尽管乔丹退休了，我对他的许许多多回忆却永不褪色。**

而在音乐上，我也拥有另外一位偶像席琳·迪翁（Celine Dion）。

关于席琳·迪翁，我爱的是她歌词里面的正面能量以及积极态度。光是从曲名就能看出蛛丝马迹：《爱的力量》（*The Power of Love*）、《梦想的力量》（*The Power of the Dream*）、《我心永恒》（*My Heart Will Go On*）……我最喜欢的歌曲是《我还活着》（*I'm Alive*），每当我很需要鼓励时，就会把这首歌播来听，提醒自己坚持原则，继续奋斗下去！

此外，席琳·迪翁的童年其实也过得很辛苦。她承认家里很穷，也描述自己过了一段“不完整的童年”，但是她对父母没有任何怨言。因为她心里有梦想，所以即便环境辛苦，还是有办法保持积极、乐观的态度，一路努力，最后成为世界级的歌手。我从她的遭遇中学到了很多，为了吸收她生命中的正面能量精髓，也买了她的所有CD与世界巡演的DVD记录，时时播放来鼓励自己。对我来说，席琳·迪翁是一位非常值得学习的对象。

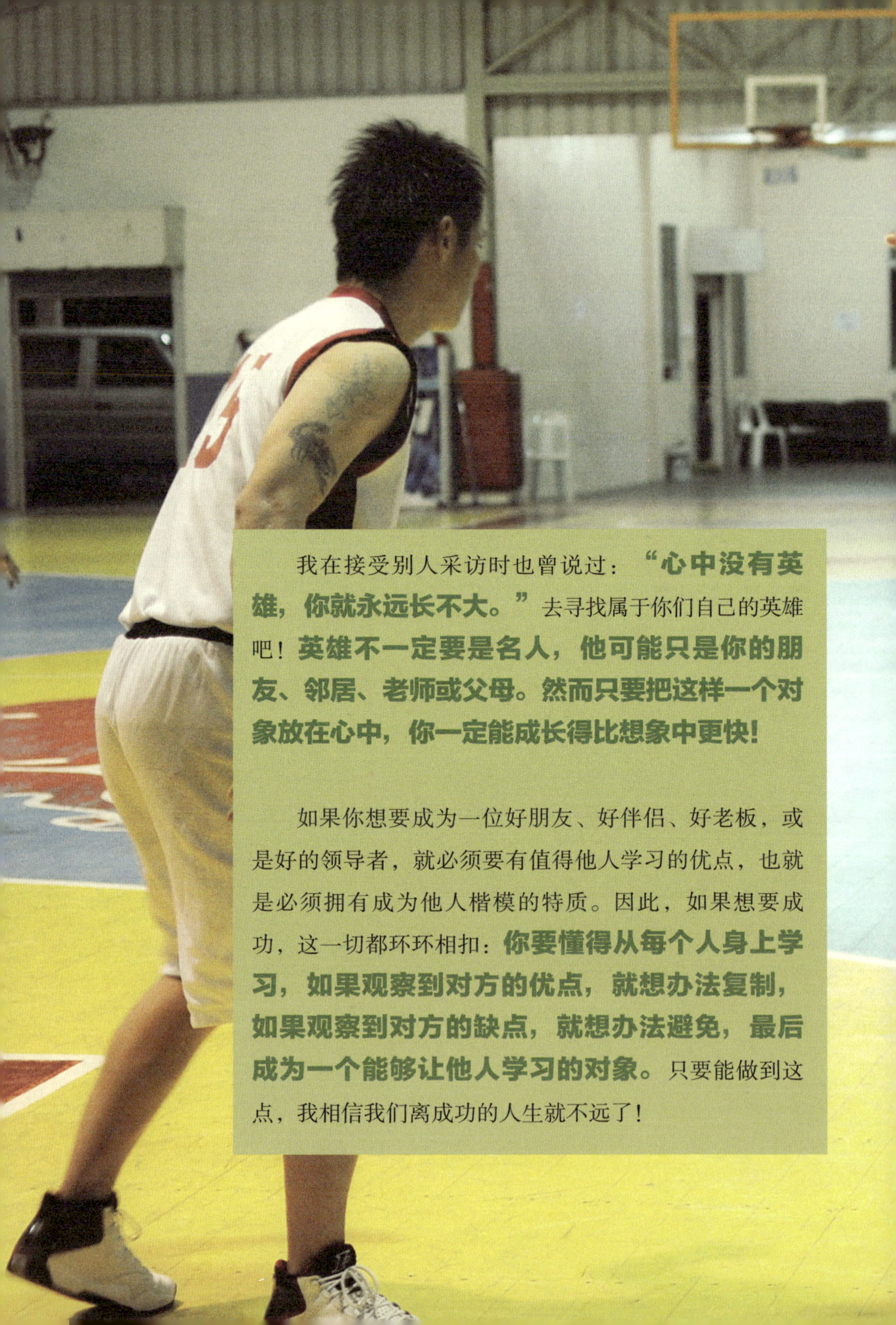

我在接受别人采访时也曾说过：**“心中没有英雄，你就永远长不大。”**去寻找属于你们自己的英雄吧！**英雄不一定要是名人，他可能只是你的朋友、邻居、老师或父母。然而只要把这样一个对象放在心中，你一定能成长得比想象中更快！**

如果你想要成为一位好朋友、好伴侣、好老板，或是好的领导者，就必须要有值得他人学习的优点，也就是必须拥有成为他人楷模的特质。因此，如果想要成功，这一切都环环相扣：**你要懂得从每个人身上学习，如果观察到对方的优点，就想办法复制，如果观察到对方的缺点，就想办法避免，最后成为一个能够让他人学习的对象。**只要能做到这点，我相信我们离成功的人生就不远了！

BRUNEI
9
9

属于我的图书馆。

二

阅读是最好的学习与投资

苹果电脑的创办人史蒂夫·乔布斯（Steve Jobs）曾说过：“Stay hungry, stay foolish.（求知若饥，虚心若愚。）”意思是说，你永远都要保持开放的心胸，并谦虚面对生命中的一切。

人必须一直处在学习的状态，才能增加面对生活的能力！大部分的人在离开学校之后就不再学习，可是生活中会出现各式各样的状况，如果不持续学习，我们怎么能捉住每个来到眼前的机会而不错过呢？一个大学毕业生在找工作时面对的问题和中年失业的人面对的问题当然不一样。所以如果不持续充实自己，会渐渐变成原地踏步，并且失去处理问题的能力。

阅读，就是我选择持续学习的方式。从小父亲就训练我养成每天读报纸的习惯；而我生长的文莱没有太多书店，大部分的书店都是小小的，里面的书都是从国外进口而来，所以陈列的书籍不会太多。我买书、看书的习惯，是在墨尔本养成的。墨尔本有许多书店，就像台湾的诚品、金石堂一样，窗明几净，许多书店还可以一边喝咖啡，一边看书。在这样的书店里看书、买书，是一种很棒的生活享受。

同一时期，我开始有很多机会利用坐车、坐飞机的时候看书。我有许多书都是在机场买的，趁着等飞机的时间就可以看上好几页书；而且机场里的书店都是卖最新、最畅销的书，这也帮助我认识书市的脉动。

刚进入演艺圈时，我会找许多表演训练的书来看，让自己可以用最短时间更懂得面对镜头，也让自己的表演更有层次。我不愿意因为“艺人”的身份而牺牲这项嗜好，我常戴着帽子、口罩，深夜窝在书店的某个角落阅读。觉得值得收藏的书我会买下来，甚至看完之后再转借给我的朋友、员工看，**我觉得买书是对自己最好的投资，只要花一点点钱、一些些阅读的时间，就可以吸收作者整理出来的人生经验和智慧，实在太划算了。**

就像美国成功大师拿破仑·希尔（Napoleon Hill）曾说：**“人一辈子都不可能停止学习。每个人都应该像设计饮食般设计自己的读书计划，因为知识也是可以帮助我们心灵成长的粮食。”**

如果你一直处于学习的状态，会发现人生不停出现各种可能性！因为在学习过程中，你会不停接收新的刺激，产生新的想法；自己不停成长，许多想法改变了，生命也会因此走出不同的道路。

比如说，我最近在看的是阿诺德·施瓦辛格（Arnold Alois Schwarzenegger）的传记*Total Recall*，这个出生在奥地利、怀抱美国梦的男人，踏实地一步步朝自己的梦想前进，不但得到世界健美赛的冠军，成为好莱坞一线明星，甚至还做到美国加州州长；他曾经因为心脏开刀差点过世，却从来不因畏惧死亡而对挑战却步，他仍然在拍电影的时候亲自上场做许多危险动作。从这样的故事当中，我总是能获得激励而在面对自己的人生时更有信心和力量。

我看过的书，都不会太干净，我习惯用折页或画线的方式，将一些嘉言锦句标记出来加强记忆，也替下次重新阅读时画下重点。这是随手可以做的事，但对于记忆力的提升，有着极大的帮助。我的另一个方法就是把这些我觉得激励人心的话输入手机里，一打开随时都有许许多多座右铭，这些是我生活经验的累积、沉淀与反思，我除了把它们设计在我官网商品的日记本里之外，也会传给员工分享，希望这些座右铭能慢慢在我关心的人心中产生正面影响。

我的藏书。

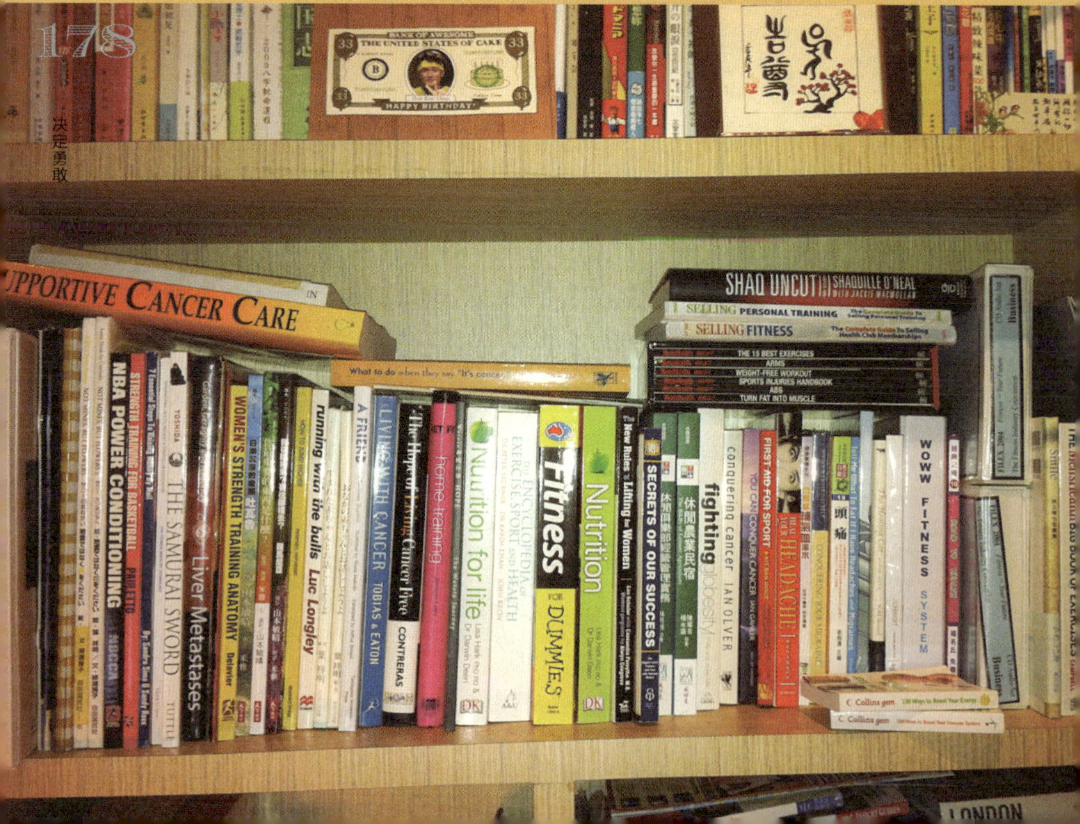

我最近常想到的座右铭是：

Win your health back!
It's never too late.

（赢回健康永远不嫌晚。）

因为年纪增长，我愈来愈常听到身边的朋友出现健康问题，所以想提醒大家，只要你开始运动，永远都来得及！

知识和健康一样，都是人生最好的投资，两者也都能提高生活质量。什么是生活质量？一个人如果想要拥有优良的生活质量，就不能只是活着，而是要能够活得开心、轻松又有自信。我常常在家里看着愈来愈满的书柜，心中充满感激。感激书籍带给我的知识，也感激自己养成了这个习惯，期许自己借由新知识继续探索人生未知的领域。

这也是为什么我不喜欢社群网站，也不喜欢交际应酬，我宁愿把那些时间拿来增加自己的知识，并将这样的知识与我的朋友、员工分享。

如果你对于什么知识有兴趣，就去找那类的书来读读看吧，即便没有办法立即吸收，增加自己一些些想法也是很好的事。阅读和健身一样，依靠的不是瞬间冲刺，而是长久而持续的努力；即便有了成果，也需要小心维持。不过一旦养成了习惯，你一辈子都能从中受益。

以下是我最喜欢的10本书，对我的生命与生活也有着举足轻重的影响。

1. How to Lead a Winning Team

/ Steve Morris

这是我1999年买下的生平第一本励志书，让我从此喜欢上这类书籍。这本书教会我怎么做一个领导者，对我影响深远，我还常把这本书借给我健身房的员工看，希望他们也能从这本书里获得启发。

2. Life Without Limits

/ Nick Vujicic

（本书有中文版，书名为《人生不设限》）

会拥有这本书，是一位粉丝送给我的，教人如何正面思考、如何鼓励人、如何发挥影响改变世界。这类书籍都会让人感觉很阳光，即使有什么烦心的事，也会在看完之后一扫而空。

3. For the Love of the Game

/ Michael Jordan

在这本书里，迈克尔·乔丹写下自己对于生活还有篮球的深刻体会，身为粉丝的我看完十分感动。人生没有跨越不了的挫折，也没有过不了的关卡，爱你手上所拥有的，就是迈克尔·乔丹给我的方向与答案。

4. Super foods–The Healthiest Food on the Planet / Tonia Reinhard

我前年买了这本书，阅读之后得到非常大的收获。这本书介绍了许多新时代的健康食物，像是奇异子、甜菜根、南瓜子、胡桃，等等，多摄取这些食物，可以让我们获得健康。

5. Top 100 Holiday Paradises

/ National Geography

我是个懂得奖励自己的人，每年都会安排自己与家族的旅行，我会翻开这本书寻找下一个旅行地点。工作很累的时候，我也会翻开这本书，看看世界有多大，然后继续努力赚钱，等待下一次旅行。

6. Consumer Behaviour
/ Hawkins, Neal and Quester

这是我大学的教科书，教创业者体察消费者的心理，而不是只站在做生意的立场，忽略顾客的需求。看完这本书，我更懂得设身处地为我健身房的会员着想，从他们的角度，去看健身房需要改变什么或增加什么。

7. Acting in Film
/ Michael Caine

刚到台湾拍戏时，我找了许多表演书籍来看，这本是我最喜欢的，还买来送给同剧演员林依晨及导演王明台。对当时身为新人的我来说，这本书除了教表演，还教会我片场的注意事项，是本非常实用的书。

8. How to Develop Self-Confidence and Influence People / Dale Carnegie

我自己最喜欢也最常翻阅的书籍是励志书，这些书都可以让我更有信心面对挑战。这本书也一样，教我如何获得自信，并用这样的信心影响别人，整个世界就会变得更美好。

9. 100 Ways to Motivate Others

/ Steve Chandler

这是一本激励人也教人如何领导的书，我看完之后非常喜欢，拿来和员工一起分享。有段时间，我每周会拿出2种激励人心的方式与员工们一起讨论，让这100种方式切实在我们健身房里实践。

10. Don't Sweat the Small Stuffs

/ Richard Carlson

这是姊姊送我的励志书，每则都是短短的，很容易阅读。这本书教读者对所有事都要有耐心，而且不要被沮丧打倒，不要为小事抓狂，每次翻开，都可以让我很快获得许多正面能量。

因为我是爱吃鬼，所以我也收集很多美食餐厅的menu（菜单）。

三

你对世界好奇，世界才会对你好奇

我每天的睡眠时间大概都在六个小时左右，我发现睡眠太长不会让我的体力变好或是注意力集中，反而六个小时的睡眠时间，是我能够感受到身体和精神都最舒适的状态。

而早起也象征着我的另一个人格特质，好奇心。我每天总是很早起床，想早点知道，今天会发生什么事。**探索世界的时间如此宝贵、如此快乐，怎么可以浪费时间在赖床上呢？**过去10年，每天24小时对我来说是不够的，我每天都努力学习与吸收。当别人在睡觉，我在工作；当别人在八卦，我在工作；当别人在玩在线游戏或社群网站，我在工作……最重要的是，我喜欢我在做的事，并且相信双倍的努力可以为我赢得两倍以上的知识。

我每天的固定习惯是一早起床，就先看CNN新闻，知道这个世界各地发生的事；然后检查手机，看有没有需要处理的工作；再一边听新闻，一边刷牙洗脸，吃一顿有水果和优格的健康早餐，有时

我历年来的日记。

还可以看一点书。我很享受这种家人还在睡，我一个人提早起床认识世界的时光。

许多人对其他地方发生的事是没有兴趣了解的，对他们来说，发生在自己身边的事情就是一切。对于这样的人，我觉得很可惜，他们忽略了**“你对世界好奇，世界才会对你好奇”。**

所谓好奇心，就是一种追根究底的精神，当你有了广阔的视野，就等于拥有广大的数据库，让你挑选好的工具与态度去完成目标。人生中有趣的事物这么多，你不见得每一项都有办法做到最专业的等级，**凭借着旺盛的好奇心，我总觉得，所有人都有办法创造出属于自己的道路。**

因此，我随身都会携带手机、相机与电脑，只要是我喜欢的事物，我都会想把它们记录下来。尤其在旅行的时候，我常会急于想要把那些景点都看完；要是旅伴体力不够，我就趁他们休息时自己到处跑。比如我喜欢观察建筑物，也会想知道我喜欢的建筑是如何设计的，我就会大量拍照，留下这些珍贵的记录。在我需要设计自己的房间、健身房或其他事业时，这些数据与体验就成了我最好的数据文件，给予我设计的灵感。我也喜欢尝试各国当地美食，只要出国，我就会点各式各样的餐点让大家分享，而且我不允许旅伴只点他们自己的个人餐，哈哈。

我随身携带相机，拍下生活记录。

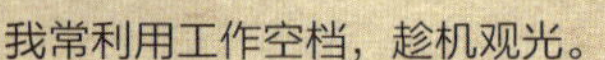

我常利用工作空档，趁机观光。

即使是忙碌的拍戏档期，我只要逮到空档时间，就包车跟我的工作人员一起观光。大老远一趟航程飞过来，若只是待在片场，实在太可惜了；我也不管旁人认不认识我，一定要看到那些我有兴趣的景物，吃到我想吃的食物，从当地文化中学到更多。

另外，我还有一个记录世界的方式是写日记。手机和相机可以做简单、实时的记录，计算机则可以用来储存这些记录，但要真正管理自己的生活，并把重要的回忆留下来时，我仰赖的还是手写日记。

说来有点不好意思，我开始写日记的原因很简单，是16岁那年的初恋，因为太想规划所有事，留下初恋中的每一个片段，我开始把心情和想法写在日记里。**人生有太多美好时刻，过去了就不会再回来；如果不用某种形式留下来，之后就很难完整想起那些难得的片刻。**

从此以后我就持续着写日记的习惯，上大学时我开始用日记管理自己每天的行程。对我来说，**日记不只是记录过去，也为我准备未来；因为有日记，所以我的生活变得更有组织，也能弥补我健忘的问题。**

个人官网成立之后，在思考周边商品时，只要有任何想法，我立刻就会写在日记本或记事本里。后来就我自己的使用经验，我从

对我来说，了解各地文化最好的方式，就是吃。

2011年开始为粉丝设计日记本时，从封面、内页规划、座右铭到照片，都是我亲自设计完成的。当中不但有行程规划的表格式页面，也有做笔记或记录心情的空白页。我特别喜欢的当然就是“座右铭”的部分啦。

或许有人会觉得，我已经有过许多特殊的体验：歌手、演员、撞球馆老板、改装车店老板、健身房老板，但我仍然期待未来有更多不同的尝试，因为我相信，好奇心可以把我和家人带到更远的地方去。比如说，我对于摄影很感兴趣，我从小学就参加摄影社，跟着老师到处去外拍，老师也会指导我们如何运用反光板采光，或者在室内摄影时如何用灯具打光；到现在，我旅行时会到处拍照，尝试各种构图，培养自己对图像与画面的敏感度。

WANTED

读到这里，你可能猜到我的下一个梦想了吧？没错，只要有机会，我真的想尝试当一个摄影师。我之前常跟朋友说，要是有机会放假，我一定会花一些时间去剧组跟戏，掌握拍电影时需要注意的所有细节；将来，我希望可以跟几个好朋友一起尝试拍电影。我自己已经写了几个简单的剧本架构，想到什么有趣的故事，就记录下来，希望能训练自己的说故事技巧。看电影时，我也会注意里面的角色性格、造型、故事结构、摄影手法、场景设计、对话、灯光，等等，借由记录这些过程，去创造属于我的下一个梦想。

世界是如此之大，个人是如此渺小，而人生又是如此短暂，所以我宁愿多花时间看看这个世界，也多花时间发挥自己的潜能。是否能功成名就又是另一回事，但我至少希望能活得问心无愧。**所有值得拥有的事物都不可能来得太容易。**无论到了什么年纪，梦想都是掌握在自己手里。不要害怕自己的梦想太远大，毕竟人生属于自己，要怎么挥洒还得由你自己决定，就算有点天马行空也没关系！

当个导演或摄影师，是我其中一个梦想。

时间不会等我们，我们会变老，我们会有更多的责任，或是学习其他领域的生活知识。所以年轻时，不要浪费时间在没必要的事务上，愈努力工作，才愈会有更多的收获，也才能给未来家庭更好的生活。

就像励志演说家莱斯·布朗（Les Brown）所说：

Shoot for the moon. Even if you miss, you'll land among the stars.

（上天揽月吧，即便错过目标，你也会落在群星之中。）

我曾读过一对63岁的伴侣的访谈内容，他们所说的一段话让我非常感动：**年龄不是问题，因为只要对世界抱有好奇心，生命就永远这么刺激、这么有意义。**这也是我所憧憬的自我期许，对这个世界的好奇，我希望永远不受年龄限制。

我24岁时，第一次花自己的钱去旅游，到了纽约时代广场。

四

沿途风景胜过目的地

“你对于成功的定义是什么？”一位粉丝曾在我的生日会上问了这个问题。

我想了想，然后这样回答：“所谓成功，就是生活过得很开心，而且随时能够调整自己去适应不同的环境。”后来回想起来，这真的就是我面对人生的方式。

前面也提过，我曾经是个得失心很重的小孩，篮球比赛没赢就大发脾气，因为当时我把“成功”和“获胜”画上等号。后来我慢慢了解，**许多事情不像篮球比赛能够清楚地分出输赢，执着于“获胜”就是一种自困；与其如此，不如学习在过程中享受乐趣。**

刚进入演艺圈时也一样，对于收视率与票房十分在意，要是观众反应不好，心里就会非常受伤。检讨之后，我发现是自己一开始抱持过度的期待，就跟小时候打篮球一样；事实上，无论什么工作场合，无论怎么努力，还是会有许多无法控制的客观因素，理解之后，便不会觉得挫折，对得失也能看得更开。

世界本来就不可能只有美好、顺利的一面。学会去理解一些不那么美好的事也很重要。所以只要懂得调适自己，**不要对结果有太高的期待，也不要太执着于满足他人的期待，**因为这些期待会增加你的不安，最后反而害你被这股压力击垮。

人生是一场没有输赢的长跑，不仅起跑点不一样，终点也各有不同，既然如此，你又何必在过程中不停给自己定输赢呢？

自从明白这个道理之后，我只专注于自己是否有进步，而不在乎任何外在评价，一旦这么想，我发现自己反而能做得更好！因为**我没有花时间去焦虑自己是否达成自己或他人的期待，而是把精力都投注在提升自己。到了最后，我获得的成果反而更好，有时候甚至超出所有人的期待！**

就好像一场旅行，设定目的地很重要，但旅行的意义却不仅限于此，反而是跟谁去、那些沿途的风景、发生的事情、碰到的人……这些过程，是我们在旅行中最大的乐趣与获得，而有了这些过程，目的地才会变得更加有意义。

结果只是一个“句点”，过程却是“逗点”或“删节号”，永远可以把我们带到更多有趣的地方去。

我还发现要享受过程，有一项很重要的条件，那就是耐心。**一个耐心的人才能等待、坚持、面对困境，也才能给予自己和别人犯错的空间。耐心的人知道不需要对任何事太快做出判断，也才不会出现太大的情绪起伏。**

就拿健身来说吧，我的姊夫很早就开始练健身，所以基础打得很好，不过我起步比较晚，所以花了加倍的时间与努力才达到目标。那段过程其实很辛苦，因为身体的构造非常复杂，你必须调整饮食、改变运动习惯、熟悉健身器材，并了解自己的缺陷，才能一步步让身上的所有肌群均衡健壮起来。在我个性还比较急的时候，感觉真是加倍痛苦，常常整天都在想：“怎么没有明显进步？到底还要多久才能达成目标？难道是我不够努力

我喜欢旅行，特别是欣赏沿途风景。

吗？”如果现在的我能回头给自己一个建议，我就会说：“耐心一点，享受过程，反正总有一天会达到目标，现在急什么呢？”

希望在一个领域有所成就，就该知道不可能一蹴可及。李安现在是世界知名的大导演，但在成功之前，他也是经历了很长的低潮期，如果在那段时间他就被自我怀疑的情绪压垮了，就不会有今天的李安，和他众多美妙的作品。

此外，**不只是面对自己要有耐心，面对别人也要有耐心。**有些人之所以容易生气或沮丧，其实就是因为没有耐心。我也曾经如此——有人说我不好，沮丧；有人在背后说我坏话，生气；有人讨厌我，沮丧；有人做了伤害我的事，生气。

转念一想，时间往往会证明一切，我为什么不给自己和对方多一点时间呢？在创业并进入演艺圈多年之后，我

我人生中第一笔创业收入，就先实现了我第一个梦想——去美国看乔丹。

知道许多事情的解决真的不急于一时：**有人看不起你，你就花时间证明他们误会你了，到头来后悔的可能是他们；有人伤害你，你就花时间等待，总有一天他们会知错，甚至会因此对你更好。**很奇妙吧？但人生往往就是如此。我总是告诉我的粉丝：“FORGIVE AND FORGET！（原谅并忘记吧！）”

时间是最好的老师，耐心是最棒的陪伴。只有懂得这两个角色的重要，无论要去多远的地方，都可以心安理得享受繁花盛开的沿途风景了。

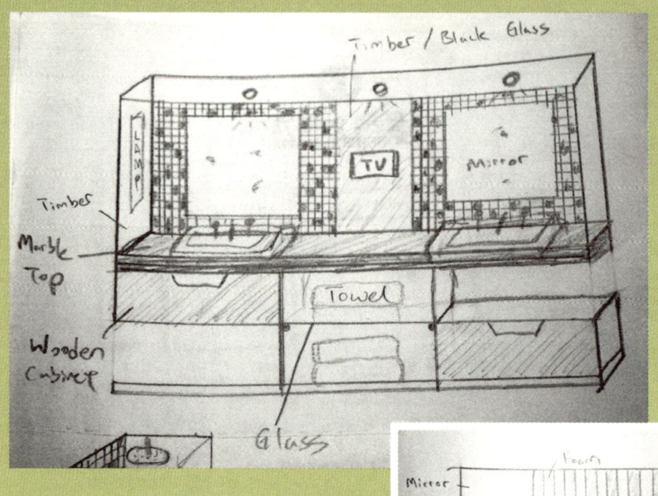

我为自己房间画的草图。

五

用创意寻找机会

与其过一个和别人相同的人生，我更喜欢掌握命运，发挥创意，用设计来为自己寻找机会。

什么是创意？**创意是找到属于自己的风格，让你与众不同；创意是展现自己的想法，留下属于自己的独特印记。**

我13岁那年，第一次为自己的房间画了一张设计图。相较于哥哥、姊姊的房间交给爸妈来决定，我更想要一个属于自己喜欢的空间；那年，我让房间有种新古典的美感，再贴上许许多多迈克尔·乔丹的海报。房间完成，住进去之后，真的有种住在自己梦里的感觉，让我好开心。

后来，我就开始爱上室内设计，特别是爱上饭店的设计，不管去到哪个国家、住在怎样的饭店，我都会去探究房间的材质使用、动线规划，差点还想去念饭店管理。

进入演艺圈之后，为了奖励自己工作的付出与辛苦，我又为新家房间重新画了设计图。这一次，我选用许多木头材质，包括家具与地板，打造出温暖、温馨的气氛，甚至还有几分清雅的禅意；加上如饭店一样的卫浴设备，走进这个房间，就能让我放下紧张的情绪，好好休息。

在我的事业上，我也为自己的商业空间画许多设计图，我会从颜

房间设计前。

色、线条、文字、灯具和建材材质等五个方面着手设想。

颜色方面，为了让会员还没进健身房就有“眼睛一亮”的感觉，所以在外墙及入口处都尽量选用亮色系，比如纯正的黄色、蓝色、红色与橘色。到了摆放器材与设施的地方，我又希望能隐隐展现“力量”，所以会将黄色或橘色这类的亮色饰板上方的天花板漆成黑色。

线条是很简单的元素，却带有一种延伸的力量，而且只要简单变化，就可以呈现出各种不同的面貌。比如我其中一家健身房，会员可以在走道上看到类似田径跑道的红色线条，旁边则是模仿草地的绿色。虽然只是一个简单的设计，却结合了体育元素、明亮的色彩，以及仿佛向前跑动延伸的韵律感。旁边的玻璃镜面与天花板上也有搭配延伸的橘红色线条，色泽更亮、更饱满，而且曲折延伸后，让人感到有一种气场在流动，非常符合一个健身房该有的感觉。

房间设计后。

文字也是我很喜欢在设计时使用的元素，概念和“线条”一样：简单，但很有力量。这或许也和我喜欢“名言佳句”的习惯有关。比如在我的健身房的玻璃墙面上就常常重复放上一段话：**“Pain is temporary. Quitting lasts forever.（痛苦是短暂的，放弃却会成为永远。）”**这段话可以谈健身，也可以用来谈人生。为了让会员体会到这里的积极气氛，我也在各处写了：**“Fitness is a Battle.（健身是一场战役。）”**的标语，并用以提醒大家：你是在跟自己作战；只要能坚持下去，就一定会赢得健康！

建材材质则主要分为四种：木头、玻璃、砖块和金属。需要温馨气氛的空间以木头为主，玻璃是为了让整体空间明亮、有流通感，需要展现粗犷力量的地方可以使用砖块与金属，至于金属，则再分成用来区隔不同空间的金属网格，还有在网格上面延伸的各色金属管线。这四种材质混搭，展现不同空间的气质，就组成我的健身房的基本元素。

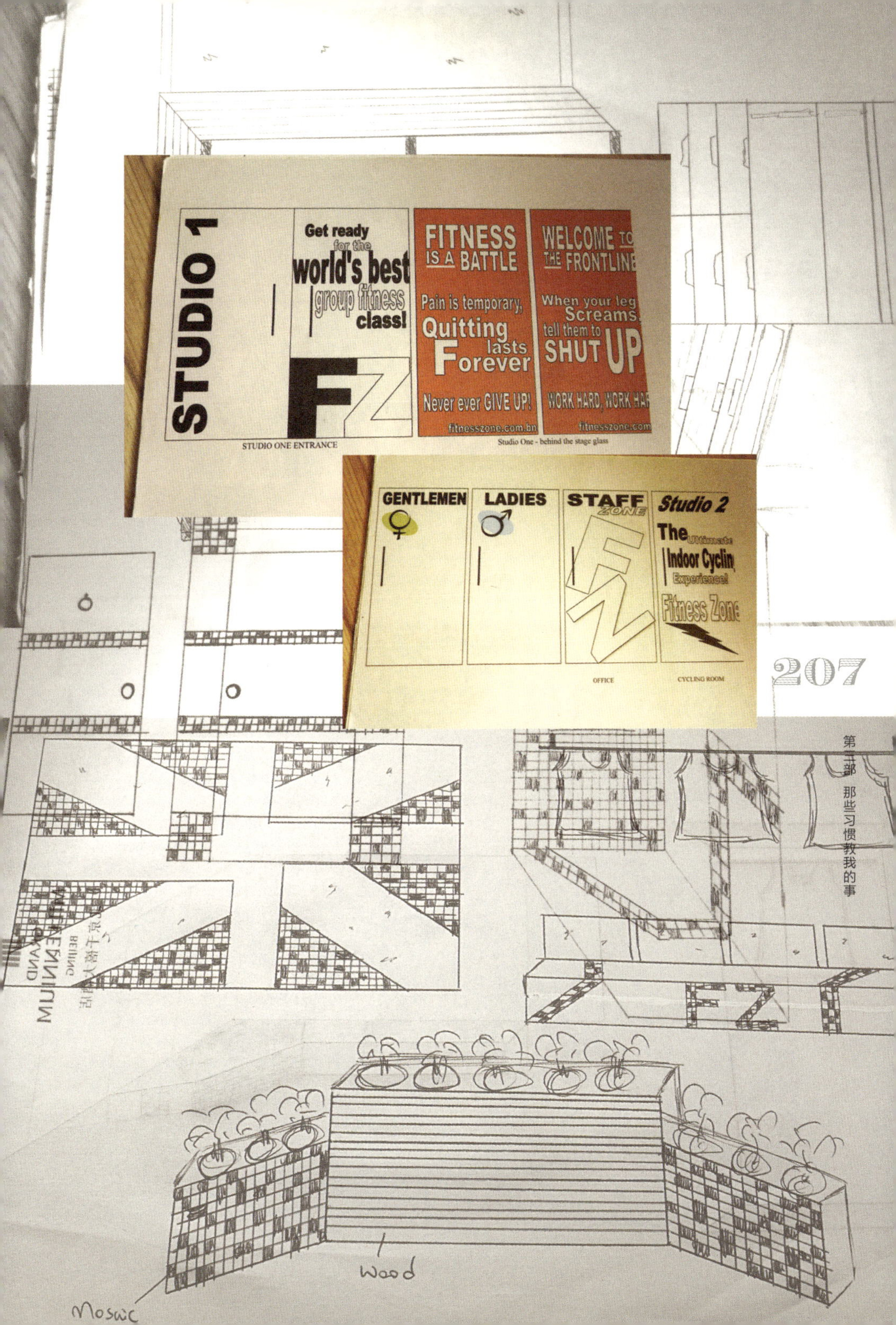
STUDIO 1
Get ready
for the
world's best
group fitness
class!
FZ
STUDIO ONE ENTRANCE
FITNESS
IS A BATTLE
Pain is temporary,
Quitting
lasts
Forever
Never ever GIVE UP!
fitnesszone.com.bn
WELCOME TO
THE FRONTLINE
When your leg
Screams,
tell them to
SHUT UP
WORK HARD, WORK HAR
fitnesszone.com
Studio One - behind the stage glass
GENTLEMEN
LADIES
STAFF
ZONE
Studio 2
The Ultimate
Indoor Cyclin
Experience!
Fitness Zone
OFFICE
CYCLING ROOM
FZ
Wood
Mosaic

在墨尔本的那几年，我也被当地的艺术文化启发。那里到处都有涂鸦文化，市区里甚至还有一条街以涂鸦闻名！在文莱，在街上涂鸦是犯法的，几乎没有人认为涂鸦是表现艺术天分的好方式。于是，我找来有天分却没有地方发挥的艺术家，让他们到我的健身房来。我们先沟通好画风，再请他们用一个月时间为我们画一个室内运动壁画墙；我还帮他们成立文莱涂鸦组织，也替他们发媒体宣传给当地报纸。当我们健身房的计划完成之后，文莱政府邀请他们到体育场的滑板公园作画，我真开心别人也注意到这些涂鸦艺术家的天分。

这些设计与想法很复杂吗？仔细想想，其实不困难，只要愿意

墨尔本著名的涂鸦街。

刺青师傅与我的小腿刺青。

坐下来，好好想想自己喜欢什么、想要什么，先练习做一个自己生活的观察者，就可以创造出完全属于自己的作品。健身房是我的梦想，所以我创造出我的形式的健身房，**你也可以拥有自己的梦想，并且让别人分享你的梦想，然后一起感受快乐。**

当然，创意与设计是生活里随处都可以施展的，除了室内设计之外，我也发挥在我自己身上的刺青上。

一开始，我只是觉得刺青很阳刚，让自己更接近一个“男人”该有的样子，再加上爸爸与哥哥都有刺青，澳大利亚的刺青文化又非常盛行，所以我在澳大利亚找了一个刺青师傅，在他那里选择一个图案，刺在手臂上。那个刺青比较图腾化，或许没有放入太多属于我的态度，却是我成长中很重要的一个过程——我可以为自己的身体做主，也要对自己的行为负责任。

今年，经过深思熟虑，我又在两个小腿上也刺了一对展现人生态度的刺青，这次就是我自己绘图设计的。右边的刺青中是一只手掌握了地球，代表了我想要迎向世界的勇敢姿态，底下的枝条则代表了大自然的生命力，也是我们不该遗忘的地球。左边的刺青中，底下的天秤代表了我的星座与喜爱平衡的心，上面有一面被打破的镜子，代表我想打破外表带给我的框架，让自己没有限制，里面飞出的鸟象征自由，而镜子顶上的皇冠则代表建立我的王国，以及勇往向前的决心。

为了健身房与粉丝，我也会设计一些帽子和T恤、日记本，等等。为不同对象做设计，要考虑到使用者的需求，所以为健身房的设计会走轻松、随性风格，为粉丝设计的就会凸显我个人的身份与经验。

比如粉丝都知道，我设计过一款写有“10”的帽子，因为我出生于10月10日，所以这个数字对我有极为重要的意义。此外，在许多评分标准中，“10”就是最完美的“满分”，所以也代表了我追求“完美10分（Perfect Ten）”的积极性格。

至于印刷图案与衣物材质的选用，可以和信任的厂商讨论，等他们打样出来，我再用眼睛看、用手触摸，确定所有颜色、图案与触感符合我的想象，才往下走制作流程。

我设计的环保袋与成品。

饰品大概是我设计过最小的商品，却也是到目前为止我最满意的作品。当时，我所拍摄的偶像剧《阳光天使》需要设计一对夫妻对戒，制作人找我担任设计，因为体积小、面积小，上面能够容纳的几乎只有简单的符号与图腾，也只能在材质上做变化，所以挑战性很大。

做了许多研究之后，我选择了比较复古的金属材质，也选择带有动物纹风格的图案，让男生戴起来也能散发一点野性的阳刚感；女戒周遭则围了一圈碎钻，并在两个戒指中间挖了一颗合在一起才能变成“心形”的空洞。**希望大家不要忘记，一旦彼此承诺成为夫妻，就要能够夫妻同心，一起为了家努力。**

设计这个饰品最美好的部分，是一开始的动机——我将这个饰品取名为“AngeLove天使之爱”，因为我希望我的天使（粉丝）们可以戴着这个饰品找到真爱，因为这个饰品，他们联结了彼此的生活。另一个动机是希望可以做慈善，所有收益都会捐献给这个社会。

不觉得这一切很像游戏吗？我就在这些领域里玩得很开心！为自己设计刺青，就是对自己表达心意；为会员设计健身房，就是对会员表达心意；为粉丝设计商品，就是对粉丝表达心意。**唯有抱着这种诚挚的“心意”去创作，最后的产品才有价值。**

其实人生不也是如此吗？创造出属于自己的人生是一种艺术。我很喜欢的一位励志书作者安东尼·罗宾斯（Anthony Robbins）就曾说过：**“你的人生由你自己创造，用你自己的方式，而不要仰赖别人的方式，更不要屈服于周遭的环境。”**也就是说，成功的定义人人不同，重点在于你是否找到了属于“你自己的方式”——找到属于自己的方式，你的人生就成功了一半，至于其他人怎么看，不是你能控制的事情，就不必太过在乎了。

问路，可以为自己的旅行节省时间。

六

管理时间，你才真正拥有时间

很多人会为自己一天该做的事情列表，但到了第二天，列表上的待办事项却有增无减，好像怎么样都做不完。每当遇到这种状况时，你是否曾经停下来思考：为什么自己这么努力，却没有得到相应的回报？为什么心里还是觉得很空虚？

我很懂得那种感觉，因为我也曾有过这种困惑，也花了好一段时间才想清楚。

这其实表示自己进入了“瞎忙”的状态——明明每天花了很多时间工作，效率却不高，甚至还牺牲了与家人、朋友相聚的时间，最后却落得两头空。为了避免这种悲剧，我找到了问题所在，发现时间管理的重要。**时间管理并不是把行程表排得很满、很仔细就可以了，重点是要了解自己的能力，并以此作为正确抉择的依据。**

以下是跟各位分享我时间管理的方法，希望可以有参考的价值：

● 时间管理第一招：

不要做出超过能力范围的决定，就是练习说“不”。

一个人要满足所有人的需求根本不可能！想要让所有的人都满意，其实就是一种贪心，我后来发现，有时候**“拒绝”才是体贴**

的表现，因为这样才尊重自己也尊重对方。我和粉丝的关系也是这样，为了不要造成大纷争，我慢慢学会拒绝一些过度的要求，如果时间不允许我就不会勉强答应粉丝们的要求，以免让其他无法得到回应要求的人觉得自己不被重视了，借由这种方法，我希望能够进一步表现自己对所有粉丝的体贴。

为了让自己有办法拒绝别人，**我会去想象“如果没有拒绝，可能会出现什么糟糕的后果”。**一旦把那些糟糕的后果想过一遍之后，你就会发现眼下拒绝别人不是什么困难的事。毕竟现在拒绝，情况还可能往好的方向改变；要是害怕拒绝，到时候要面对的处境就更难以收拾了。

如果有需要拒绝的时候，不要害怕，温和、诚恳地说“不”吧。如果你对人们释放出最大的善意，相信大部分的人都能理解你的。

● 时间管理第二招：

排定所有待办事项的优先级，并设定确切的完成时间

比如今天有五件事要做，不要只是把时间平均分配

和粉丝大合照。

成五等份，而是要先知道每件事的重要性，最重要的事分得最多的时间，以此类推。人的一天就只有24小时，应该善用智慧，把这24小时利用发挥到极致，而不是试图把时间变成48小时！

对我来说，行事效率是善用时间的好方式。做每件事之前，不要急着开始，反而应停下来思考一下怎样执行才是最有效率的方法。有什么资源可以运用？如果自己做不到，有什么人可以帮忙？这些规划虽然会花些时间，但是一旦你开始做，就会进行得比较顺畅，得到的效果会比想象的大，甚至让时间更充裕。

比如说，旅行的时候，我喜欢用问路来取代看地图，这样就可以把时间省下来欣赏风景。问、问、问，借由发问，真的可以节省许多时间。创业之后，我也学到一个好团队可以帮助我达成目标，所以我愿意雇用更好的员工，让他们帮助我更快达到业绩，而我就可以专注于创造更多机会。

排定事务的优先顺序，其实是个很好的提醒，因为**“同时做很多工作”不代表能“同时做好很多工作”。每次专注做好一样事情，才能让成果更好；**这也是我选择放弃歌唱事业的原因之一，因为我知道以我的时间分配来看，先把健身房及电影事业顾好是最好的选择，什么都要，反而容易什么都得不到。准备这本书的时候，我想了无数个主题，后来也得删掉一些内容，以免方向过于混乱。“有舍才有得”，这是一件需要时间慢慢去学习的事。

● 时间管理大绝招：减少不必要的干扰

现代人的生活，有许多科技方面的干扰，让我觉得很可怕；比如许多人沉迷于网络，特别是用来交际，又

Fitness Zone

Since 2003

是用脸书（Facebook），又是用微博（Weibo）、推特（Twitter）、Instagram，等等。我自己本来也有尝试使用，后来发现玩这东西实在太花时间了。新科技当然能为我们带来好处，你可以用手机聊天、玩游戏、看笑话……但如果不懂得节制，往往只会带来负面效果！许多人因此忽略了身边活生生存在的人，也浪费了时间。我不是说不要看影片或是专注在社群网站，而是要懂得生活的轻重缓急，尽量减少花在这些交际网络的时间。我自己就常利用Skype跟家人讲话，因为我的工作就是要到处飞，对我来说这是必要的事，而最没必要的事就是花太多时间在阅读八卦与绯闻啦，哈哈。

另外，我们还有许多时间都需要花在坐车、等待这种零碎的事情上；对于零碎时间，我也都不浪费。我随身都会携带电脑、手机和正在阅读的书，我会看等待时间有多长，来决定翻几页书、打几个联系电话或是回几封信。比如说，如果我跟朋友约在咖啡馆，他迟到30分钟，我可以充分利用那些时间，拿出电脑来处理今天该完成的事。每天晚上，你不妨想想今天是你追赶日子，还是日子追赶你？

当我要拍戏进入剧组时，一定会先请求工作人员帮忙把网络搞定，所以等待拍戏的时间，我一样可以处理健身房的公事，一样可以持续我的阅读习惯，这些都是帮我管理时间的好方式。

“时间”是我们最珍贵的资产，谁都无法把已经经过的时间抓回来；“时间”也让我们平等，因为每个人拥有的时间都一样多，不会有贵贱之分，所以更是开创人生的重要资源。因此我总是提醒自己：珍惜时间。**只有懂得管理时间，才真正拥有时间。**

路·艾瑞克森（Lou Erickson）曾说：“生命就像一辆出租车，无论你正前往某处或静止不动，里程表都会继续跳动。”

既然如此，我们可都别静止不动才好呀！

我关注新闻，却不浪费时间看绯闻与八卦。

拍戏，是个压力很大的工作。

七

和压力做朋友，
保持简单的心与乐观的态度

在英文当中，有两个词都可以被翻译成“压力”，一个是“pressure”，代表的是外在事件对你造成的压力；另一个是“stress”，代表的是一个人内在感受到的紧张与压迫感。只要身处于这个社会，就无法避免“pressure”的外在压力，但我们可以挥别“stress”内在压力，让自己用比较平静的方式去面对这个快速变迁的社会。

一旦分清楚这两种“压力”的分别，很多事情处理起来就变得很简单！**因为内在压力是负面的，需要找方法消除；外在压力却是正面的，必须想办法和它做朋友。**我以前分不清楚的时候，会为了消除

内在压力而出现逃避的念头。比如某项工作带来压力，就会思考自己是否不适合做这项工作；然而，工作本来就会产生外在压力，自我要求高的人面对的内外交加的压力更大，我应该做的是降低内心焦虑感，保持在可接受的程度，再进一步面对工作上的挑战。

那么，究竟该如何减缓内在压力呢？我找的方法是保持简单又知足的心态。就这方面而言，我觉得自己很幸运，从小在文莱长大，物质欲望其实不高，这就是所谓的："由俭入奢易，由奢返俭难。"尽管进入演艺圈后见识了五光十色的生活，我也不会动摇，加上身边朋友也多是简单生活的人，他们总能帮助我保持简单的心态。

当我从CNN看到那些不幸的新闻，当所爱的人离开这个世界，许多人的生命也因此破碎了。所以，你才看到我一次又一次提醒大家，要懂得知足；知足，就是幸福人生的钥匙。

在这个世界上，有些孩子幸运地出生在懂得爱的家庭里，他们衔着金汤匙出生，面容姣好，他们可以获得所有想要的。相对的，也有些孩子出生在贫困的家庭里，无法获得足够的爱与保护，这些孩子的生活超出我们的想象。还有些孩子出生就带着残疾，连健康都是奢求。看看别人遭遇的，想想我们所拥有的，你就会发现自己已经很幸运了，更要懂得去爱你的家庭、你的生活，并且为自己的生活更加努力，才不会浪费生命。

生活中有太多超出我们掌控的事了，**简单的心就是我们的舵，帮助我们稳住阵脚，尽管压力仍大，但一些些快乐就能让我们看到无比的光亮。**

另外一个很重要的关键就是"做自己"。**如果你常常装出另一个模样，久了就一定会累积压力。**曾经有人问我："你在

演艺圈的形象都很正面，做艺人是不是很辛苦？不能传出一些不良行为？”我立刻就回答：“我自己不抽烟、不参加party、不喝酒，我永远只穿自己想穿的衣服、说自己想说的话、做自己想做的事。既然较少压抑自己，人也就会比较轻松。”当然，也就不会累积出会爆发危险的情绪。

在带领员工时，我也不会装出另一个模样。有时候他们的表现让我不满意，我一时无法好好处理，到了晚上反省时，那种纠结后悔的心情也会累积成压力。**为了排解压力，学会在睡前把这些烦心的事有条理地列出来，也写出可能的解决方式，然后第二天立刻去执行，才有办法避免压力继续累积下去。**

最后，让我们来说说该如何面对外在压力。简单来说，就是要保持乐观的态度。如果你感受到来自外在的压力，通常就代表别人对你有期待，不然就代表这件事很有挑战性。两种情况都是好事，不是吗？**如果别人对你有期待，表示你有些值得令人赞赏的能力；如果这件事很有挑战性，那就代表经历过后的**

旅行，是我给自己最好的奖励。

你，一定会有所成长。这样从正面去剖析，怎么想这些外在压力的出现都不是坏事呀！

我曾经看过一个报道，提到为何婴儿出生时都会哭。那是因为生命充满挑战。来到人世间真的不是容易的事，因此，许多成功人士都很勇敢地去挑战压力，做一些失败者不喜欢做的事。你也可以学习他们，为自己的生命做出选择。

反正生活中一定有压力，你有压力，别人也有压力，但是随着事情一点一滴地有进度地去推进，一定每完成一点，压力就会减少一点，当你全部完成，压力就会随之消散。千万不要任由压力累积成恐惧，那会变成一种恶性循环：压力造成恐惧→恐惧造成逃避→

我实践了自己的梦想，买了一部好车。我从来没有想过，可以用自己的钱买下兰博基尼。

逃避造成无法完成→无法完成造成更大的压力。所以唯有脚踏实地地去进行事情，才是对付外在压力的最好方法。

另外，**为了慰劳自己工作的辛劳与压力，适当的“享受”也很重要！**在留学期间，我从西方人的文化中了解到：“享受”可以均衡“工作”的压力，甚至可以进一步增加你工作的动力！因此，懂得奖励自己很重要，而且值得奖励的事件可大可小，奖励本身也可大可小。譬如说成功开了一场会议，可以用一顿美食奖励自己；如果是成功拍完一部电影，可能就是用海外旅行奖励自己。Always remember——Don't get so busy making a living that you forget to make a life!（时时牢记——切不要因为忙碌而让自己活得毫无生活可言。）

不过也要小心，不要拿自己的奖励去和他人的奖励比较——他完成工作后买了三栋房子，我却只买了一套百科全书！是呀，想必你已经知道答案了：**和别人比较只会让你压力更大呀！**人比人气死人！哈哈！

未来的挑战，带全家搭游轮环游世界！

八

有意识地选择正向思考

励志书作家詹姆斯·博格（James Borg）曾说：**“无论乐观或悲观，事情的结果都不会改变。不过乐观主义者的人生会过得比较快乐。”**

我真的相信我们可以选择自己的人生要过成什么样子：你可以选择当一个负向思考的人，也可以选择当一个能够正向思考的人，而这个看似简单的选择，影响的却是你成为一个什么样的人，甚至影响你整个人生。

我身边有些负面思考的朋友，他们总是在抱怨、在说人家的八卦，但仔细想想，抱怨的话到底对问题有什么帮助？还不如拿来讨论解决方案，因为当你只会无止境地抱怨，身边的人一定会觉得烦，就愈来愈少人想跟你相处，你就会失去很多未来的机会，不是吗？

没有解决方法，就不要抱怨。既然你都找不到解决方法，又怎么知道别人没有尝试过？如果别人已经尽力了，你的抱怨又公平吗？

依我的观察，成功人士大多都是正向思考的人。所以，我很推崇正向思考，也鼓励自己把负面能量转变为正面能量！有时候只在一念之间，改变了思考的方式，

May the joy and peace of Christmas and
the new year fill your heart and your home

MY NAME: MOHAMMED. Sheikh Shah ID. NO. : 168531-3113

আমার নাম : মোহাম্মদ শেখ শাহ আইডি নং : ১৬৮৫৩১-৩১১৩

My Drawing/Greetings for my dearest sponsor

Wishing you Mercry christmas and happy new year.

妈妈在世时就资助世界展望会的孩子，后来我持续资助，这是他们写给我的卡片。

就能立刻让心情愉快很多；就像一旦停止抱怨和八卦，就可以把时间有效率地用在达成应有的目标上。心态正确了，一切都会上轨道。

做一个积极的人或快乐的人，不是想清楚、做了选择之后就能成功，还必须时时砥砺自己保持正向的心境，有意识地做出选择：我选择当一个正向的人，我选择把精力放在有建设性的议题上，我选择思考令我愉快的事，我选择忽略别人散发出的负面能量……只要无法坚定立场，就容易让负面思想乘虚而入。

如果负面思想出现了怎么办？不要紧，你只要坚定地做出正向选择，就会改变自己的心态了。

我就曾经有过一次经验，当时我为了拍一部功夫片训练了两个月，拍摄的过程中也全心投入，抓紧每一次学习的机会，结果拍出来后的票房并不如预期。悲观的人可能会因为票房不好而感到沮丧，但我选择乐观去看待，因为拍摄这部戏的过程中，学习到新的事情，也认识了许多幕前幕后很有经验的前辈，因此这次的经验对我而言，仍然是美好的。有人会说，这是自己骗自己的

拍戏让我学会骑马也爱上了骑马。

话，其实不是的；我真的得到许多历练，也珍惜这样的机会。人生不可能每天都是假期。拥有失落，才会更懂得幸福，不是吗？你很难保持负面思考却拥有一个美好的生活。

如果在遇见每一件糟糕的事情时，你都能训练自己用正向思考去处理掉负面情绪，那么，在练习了好几次之后，你一定会变得更乐观，也更不会被挫折击垮。无论在人生的哪一个阶段，眼前的一切都是过去的累积；就我来说，健身房、演艺事业，以及此刻你正在看的这本书，还有慈善事业，其实都是我一直以来的梦想终于实现的结果。

如果你对现状不满意，问问自己过去的选择；如果你五年前做了不同的决定，现在的状况就会完全不同了，不是吗？我们都无法改变过去，所以应该要学会原谅过去，转念为珍惜现在，因为现在的每一刻都在创造你的未来。

英文的现在“present”的另外一个意思就是“礼物”：现在，是上天给我们的礼物，为了帮助我们去掌握未来的奥秘。

BULLS

所以如果心里有梦想，就从现在开始勇敢追梦吧！无论心里有什么想法，都必须从现在开始萌芽，如果你能每天充实自我，为未来的每个机会做好准备，所有梦想都会有办法回报你。就从此刻开始追随心里的声音吧。未来难以预料，但又有什么关系呢？我还在这里，我还活着，每天对我来说都是一个奇迹。

我还有许多许多的梦想要去实现，我还想开烘焙店、想开餐厅、想开甜品店、想开书店、想盖希望小学、想带家人环游世界、想当篮球教练、想拍电影……光是能够努力实践这些梦想，对我来说就是一项生命的奇迹。

我相信，每个人都是带着独特使命降生到这个世界上。你所做的一切不只会影响到亲友，还会影响到许多根本没见过面的人！因此我们要让自己成为更好的人，相信自己就是那个可以微微地改变世界的人，为自己也为这个世界做出更好的选择、许下更大的愿望，这样，我们才能拥有一个更棒的世界。

我想说……关于爱

谈了这么多有关我的生活经历，现在就来聊聊我对爱情的看法……哈哈。

我知道身为艺人，我们比较少会去透露有关私人生活的一切，而直到今天我也很少提及关于个人感情这方面的事情。那“爱”对我的意义为何呢？在我房里洗手间的墙上挂了一幅有关“爱”的谚语，每天早上看了都会让我一整天充满爱的力量与温暖。

我相信当把这些“爱的观念”实践在日常生活当中时，友情、亲情和感情，都会变得更真实、更完美，进而可以创造属于自己的美好人生。

当然，真正要去做到其实并不容易，但我是那种认定了就会督促自己努力去实践的人，面对爱情也是这样的，当碰到我生命中值得去追求的爱时，墙上的那些爱的箴言就会一直在我脑海中不断地回响着，不管外界如何干扰，世事如何变化，我对那份爱的执着从未改变，认定了就从一而终，为爱情、为未来的生活努力着。

是的，我现在拥有钱都买不到的角色……一个幸福的超级爸爸。:-)

真正的我，是个乐于分享快乐的人，相信一直以来支持我的人，能从我在blog（博客）内所分享的文章及照片中感觉到这点，所以对于不能分享成为爸爸这样一个改变我生命的美好事情，对我来说非常不容易。

她从我16岁开始陪伴在我身边一直到现在已经有18年多了，她是我的初恋女友。这18年来，她陪我度过人生中无数的高低起伏，从我澳大利亚的求学生活、到我母亲的去世、挚友的离开以及我在文莱的生意打理，等等。一直到现在，这么多年来，她一直都在我身后鼓励并支持着我。

当我刚开始进入演艺圈工作的时候，其实我曾介绍她跟几个朋友认识，但当越来越多人知道我的时候，她渐渐地表示并不想暴露我们的关系，因为她是个不希望引起他人注意的人，也不知该如何去面对演艺圈很多的新闻话题。我明白也尊重她的决定，因为有她百分百的支持，我才可以勇敢地面对我人生和演艺事业中所有难题的挑战。她更时常提醒我，说我真是个很幸运的人，因为在这些年有那么多全然支持和爱护我的粉丝，“没有他们就没有吴尊”，这句话我已数不清她说了多少遍了。

这些年来，记者常常会问我有关感情的问题，我都只提我曾有初恋女友，就不再多说些什么了，而当有媒体问到有关结婚生子的问题时，我那时的心里是很想告诉大家的，但当时她仍尚未准备好面对这一切，所以我也只能一直回避这个问题。媒体每次问到这问题时，想说而不能说，真的让我很想逃离，她知道我的个性，也知道我回答媒体时心中非常不舒服的感受。过去这两年多来，我大部分时间都在文莱，经过这长时间的相处，她也理解了必须面对，也因为我们的女儿，她知道我是多么想分享做爸爸的喜悦啊。今天，我们很感恩地分享这个消息给大家。:–)

我要感谢我的父母对我们的爱和支持，总是鼓励着我们，做我最大的后盾，这无私的爱，也让我意识到，保持简单的生活和爱，真的就是莫大的幸福。

我感谢那些早就知道这件事情的朋友及同事，能够真正明白我并尊重我们的决定。

我更感谢我美妙的天使们，最近几年也不断地希望我能找一个心灵伴侣来照顾我，你们真的就像我家人一样的真诚。这些记忆我将永远保存，并希望我人生的未来，因为有你们而更精彩。

HAPPENINGS
aff and members
nation drive
FITNESS ZONE新張耀星光
'opes in the Hoop' programme tips off
60 pelajar sertai klinik bola kera
Zatty Joanda
BANDAR SERI BEGAWAN
Superstar brings Fitness Zone to a new level
FITNESS ZONE
"The Club That Works"
best time to Join
ess Zone is Now!
Fitness Zone members, staff Go Green
United Motors to hold Proton cars showcase
Summer fruit treats at Lobby Lounge
unches Les Mills
althier lifestyle
Wu Chun brings joy to Pusat Ehsan
During the launch, Fitness Z
organised a charity with 66 gym members ta
in the cycling event and each paying $10 to rais
for Pusat Ehsan.
Wu Chun who led the drive in the RPM cyc
"It is good to get people involved in the char
especially our members."
He also said, "On February 13, there will be
opening of Serusop Branch and we will be organising a
"Members of the public who are i
try out Fitness Zone gym can have a
without charges. Interested patrons just need
exercise gear and take up the three-day trial
Children with cancer receive superstar visit
Wu Chun spends time with KACA kids
Fitness Zone supports national football team
Fitness Zone honours Bru
Grab your
b-mobile
BRUNEI TIMES BUSINESS
For Wu Chun, health is wealth
FITNESS ZONE & NCB JOIN FORCES TO TACKLE DRUGS

Zone to open in Serusop

NCB, Fitness Zone for healthy living

Fitness Zone partners MoH in promoting healthy lifestyle

Fitness Zone donates to disaster victims

Superstar brings Fitness Zone to a new level

Fitness Zone launches new Les Mills Group Programmes with a bang

吴尊投身赈灾行

返汶收集物資籌款

PAGE 6

Minister opens Fitness Zone in Serusop

By Aziz Idris

ADOPTING a healthy lifestyle through recreational activities or exercises is very important in this modern age. Doing exercises, leading a healthy lifestyle and eating a balanced diet will control weight and cholesterol and help make an active person.

Therefore, it is important for everyone to adopt an active lifestyle and do regular exercise activities to achieve a healthy body, said the Minister of Health, Pehin Orang Kaya Johan Pahlawan Dato Seri Setia Haji Adanan bin Begawan Pehin Siraja Khatib Dato Seri Setia Awang Haji Mohd Yusof.

He spoke to reporters at the opening of Fitness Zone in Serusop yesterday.

The founder of Fitness Zone, Wu Chun, appreciated all those who supported in the success of Fitness Zone, and at the same time expressed his desire to continue to support charities.

The fitness centre was opened by Pehin Orang Kaya Johan Pahlawan Dato Seri Setia Awang Haji Adanan and Pehin Kapitan Lela Diraja Dato Paduka Awg Goh King Chin.

Wu Chun presented an exercise machine to the minister and delivered donations to various charities.

The minister toured the facilities and took a closer look at the exercise equipment available at the centre.

In conjunction with the official opening of the third branch of Fitness Zone gym and to promote healthy living, many events were held.

The highlight of the ceremony was a marathon, Walk 4 Cause, which began at 7 am and ended at the Fitness Zone, Serusop. Participants also took part in a blood donation campaign, free medical screenings, performances, and in various sports.

Other competitions were held in the gym at 4pm where participants got a chance to win an iPad. Proceeds from the entry fee would be donated in full to charitable organisations.

Charity walk to mark Fitness Zone branch

By James Kon

Wu Chun on the cycling bike in his Serusop Fitness Zone

BSB Treasure Hunt is back

Wu Chun shoulders his racing

Earth Hour celebration

me 3-on-3 streetball action?

BWC President Datin Paduka Hjh Rokiah (front row, seated 2nd L) and friends with Wu Chun (in cap) and staff of Fitness Zone after an all-female session of SH'BAM. Picture: Courtesy of Fitness Zone

Fitness Zone introduces all-women classes

LET LOVE LEAD THE WAY....

爱永远是发自内心的，你不会只因为外表的美丽就爱上一个人，但你爱的人会因为你爱他而更完美。有时候看到身边的人在感情上遇到一些问题时，或者跟我说他们的感情已没有一开始的那种感觉了，我也会跟他们说，没有一段感情可以永远拥有新鲜感，你的伙伴不需要是完美的，最重要的是，你们在彼此的心目中是完美的就可以了。

我一直相信爱是可以培养出来的。如果你对你的事业充满爱与热情，如果你可以把你老板的公司当成是自己的，然后用心地去经营，那么你的付出和你所学到的将会带来更多的机会，同时也让你做好有一天成为自己的老板的准备。别忘了，大企业家随时都能找到经验丰富的人才，但我认为只有拥有良好态度的人，才有好的未来。让爱带给你事业上的奇迹吧！

爱总是有超自然惊人力量的，我觉得世上最棒的礼物就是可以把自己的一部分分享给他人。现在我很高兴，在我的生命中，能有这样的机会，将我的一切勇敢地跟大家分享！

Where Wu Chun's Angels belong ……

www.chunzone.com

图书在版编目（CIP）数据
决定勇敢 / (文莱) 吴尊著. -- 长沙 : 湖南文艺出版社, 2013.11
ISBN 978-7-5404-6431-8
Ⅰ. ①决… Ⅱ. ①吴… Ⅲ. ①吴尊－生平事迹 Ⅳ. ①K833.445.76
中国版本图书馆CIP数据核字（2013）第241952号

上架建议：明星 · 励志

决定勇敢

著　　者：［文莱］吴 尊
图片提供：［文莱］吴 尊
艺人经纪：福隆制作有限公司
出 版 人：刘清华
责任编辑：薛　健　刘诗哲
监　　制：刘　丹
特约编辑：刘　霁
版权支持：辛　艳　文赛峰
营销编辑：李梦雅　李　颖
整体装帧：利　锐　风　筝
出版发行：湖南文艺出版社
（长沙市雨花区东二环一段508 号 邮编：410014）
网　　址：www.hnwy.net
印　　刷：北京盛通印刷股份有限公司
经　　销：新华书店
开　　本：880mm × 1270mm　1/32
字　　数：180千字
印　　张：8.5
版　　次：2013年11月第1 版
印　　次：2013年11月第1 次印刷
书　　号：ISBN 978-7-5404-6431-8
定　　价：48.00元
（若有质量问题，请致电质量监督电话：010-84409925）